KB267100

혼자 배우는 중국어 첫걸음

박신영 지음

정진출판사

혼자배우는 중국어첫걸음을 펴내며

중국이라는 나라가 갈수록 우리에게 가까이 느껴지는 지금, 중국어를 배우려는 사람의 숫자는 폭발적으로 늘고 있습니다. 그에 따라 적절한 중국어 교재의 필요성이 제기되었고 시중에도 적지 않은 학습서가 출판되어 있는 실정입니다. 그러나 중국어 학습의 붐이 일어난 것이 최근 몇 년 들어서의 일이라 교재의 종류와 양에 비해 학습자의 입맛에 맞는 교재를 선택하기가 또한 쉽지 않다는 이야기도 간혹 들립니다.

본 교재는 철저하게 학습자의 입맛에 맞추어 기초표현을 손쉽게 익히는 데 주안점을 두었습니다. 아무리 좋은 내용이라고 할지라도 학습자가 한번에 소화하기 어려울 정도로 많은 양을 제시한다면 그 학습자는 몇 번 먹지 않아서 소화불량에 걸릴 것입니다. 따라서 본 교재는 꼭 필요한 내용을 반복 연습하고 재차 삼차 확인하고 지나가는 완전학습의 방법을 강화하였습니다. 그 예가 매 과마다 기본문형 12가지 표현이 제시되고, 회화 부분에서 반복 활용되며, 끝부분에 있는 연습문제의 문제풀이를 통해 다시 한번 확인하게끔 하였습니다.

본 교재의 대략적인 구성은 다음과 같습니다.

본문	각 상황의 필수표현들을 선정하여 기본적인 의사소통이 가능하도록 하였습니다.
새단어	기본적인 의사소통에 필요한 핵심적인 단어를 순차적으로 배치하였습니다.
핵심풀이	본문의 기본문형을 쉽게 이해하기 위해 설명을 해 놓은 부분입니다. 어구해설과 다양한 예문으로 이해를 도왔습니다.
회화	본문에서 배운 어휘를 활용해 그림과 함께 일상의 대화를 익힐 수 있도록 하였습니다.
문법포인트	문법을 주제별로 정리하였습니다. 해당 과에서 소개되는 문법사항을 익힐 수 있습니다.
연습문제	앞서 배운 내용을 복습하고 응용할 수 있습니다.
어휘늘리기	본문에서 다루지 못한 관련 어휘들을 그림과 함께 수록하였습니다.
중국엿보기	다양한 소재를 통해 중국의 사회와 문화를 접할 수 있도록 하였습니다.
한자익히기	그 과에서 배운 한자를 써 보고 익히면서 자연스럽게 단어를 익힐 수 있도록 하였습니다.

교재의 진가는 학습자가 어떻게 활용하는가에 따라 판가름됩니다. 중국어 속담에 '胖子不是一口吃成的。(팡즈 부스 이코우츠 청더)'란 말이 있습니다. 즉, '뚱보가 한 입 먹어서 그렇게 된 것이 아니다.'라는 뜻인데, 중국어를 배우려는 사람도 매일 때를 거르지 않듯이 지속적으로 학습해 간다면 중국어 정복의 꿈을 실현할 수 있을 것입니다.

저자 박신영

일 러 두 기

이 책은 초보자들이 혼자서도 쉽게 배울 수 있도록 체계적이면서 과학적으로 꾸민 중국어 기초 교재입니다. 필요한 내용을 꾸준히 반복하여 연습하는 완전학습의 방법을 강화하였습니다. 매 과마다 기본문형 12가지 표현이 제시되고, 회화에서 반복 활용되며, 연습문제를 통해 다시 한번 확인하게끔 하였습니다. 또한 매 과 끝에는 한자 쓰기란을 두어 그 과에서 배운 한자를 익힐 수 있도록 하였습니다.

***** 이 책의 본문과 회화에 적용된 한글 토는 단지 참고로만 활용하시고 정확한 발음은 녹음된 중국어 원어민의 발음을 따르면서 습득하시기 바랍니다.

이 책의 구성

본문 기본문형 – 12가지 표현. 각 상황에서 요구되는 필수표현 12문장을 선정하여 기본적인 의사소통이 가능하도록 하였습니다. 초보자의 편의를 위해 1~15과는 한어병음과 함께 우리말 발음을 병기하였으며 16~20과는 학습의 진도와 난이도를 감안하여 한자에 한어병음만을 표기하였습니다.

핵심풀이 본문의 바로 오른쪽으로 핵심풀이를 배치하였습니다. 기본문형의 표현을 좀더 쉽게 이해할 수 있도록 기본적인 어구해설과 간단한 문법사항을 설명해 놓은 부분입니다. 어려워 보이는 문장이 쉽게 이해되도록 상세하게 설명하였고 비슷한 예문의 쓰임을 비교하여 이해를 도왔습니다.

새단어 외국어는 단어의 양이 좌우한다라는 말을 곧잘 합니다. 그렇다고 해서 무턱대고 모든 단어를 다 외워야 하는 것은 아닙니다. 사용빈도가 높은 단어를 우선하여 학습하고, 점차 어휘력을 늘려가야 할 것입니다. 각 과의 새단어는 기본적 의사소통에 필요한 핵심적인 단어를 순차적으로 배치하였습니다.

4

회화

회화 일상생활을 통해 흔히 주고받는 내용의 대화를 본문에서 배운 어휘를 활용해 그림과 함께 수록하였습니다. 또한 짧은 대화에서 긴 대화까지 단계별 학습이 가능하도록 하였습니다. 본문과 마찬가지로 1~15과까지는 학습의 편의를 위해 우리말 토를 달았습니다.

문법포인트 · 어휘늘리기

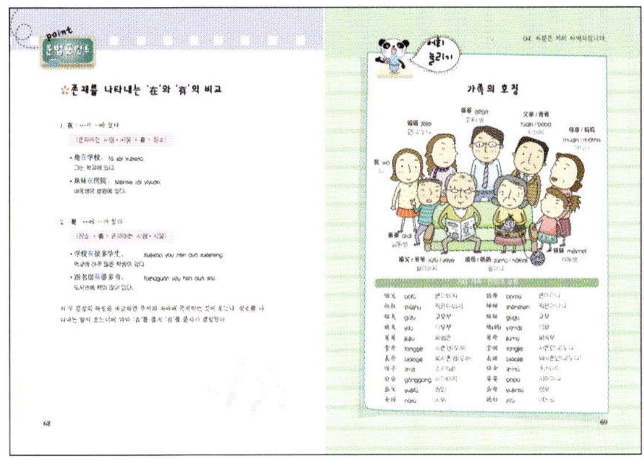

문법포인트 문법을 주제별로 정리하였습니다. 그 과에서 소개되는 문법사항을 심화 학습하고 필수적인 문법지식을 쌓을 수 있는 코너입니다.

어휘늘리기 어휘에 갈증을 느끼는 학습자를 위해 각 과가 끝날 때마다 본문에서 다루지 못한 어휘를 그림과 함께 분야별로 제시하였습니다.

연습문제 · 중국엿보기

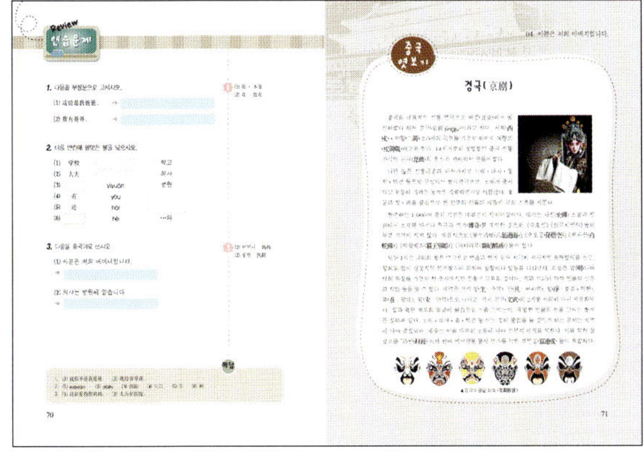

연습문제 그 과에서 배운 내용을 다시 한 번 복습하고 응용할 수 있도록 다양한 문제로 꾸몄습니다. 문제의 양은 많지 않으나 간략히 그 과의 중요 사항을 확인할 수 있는 코너입니다.

중국엿보기 말을 배운다는 것은 그 나라의 문화에 대해 이해하는 것과 불가분의 관계입니다. 다양하고 재미있는 소재를 통해 중국 사회를 엿볼 수 있도록 하였습니다.

발음편

Fāyīnpiān

1.중국어의 특성

중국에는 한족(漢族) 외에 55개의 소수민족이 생활하고 있다. 한족은 13억에 달하는 중국 총인구의 94%를 차지하고 있다. 일반적으로 말하는 중국어는 중국 인구의 대부분을 차지하는 이 한족의 언어이다. 그래서 중국에서는 자신들의 국어(國語)인 중국어를 한족의 언어라는 뜻으로 '汉语(한어)'라고 부른다. 한어(漢語) 외에 '中国话(중국화)', '中文(중문)'이라는 말도 사용하고 있지만 엄밀히 말하면 '汉语'가 가장 알맞는 표현이다. 한어는 세계에서 사용 인구가 가장 많은 언어로 많은 국가에서 공용어로 쓰고 있다.

중국어의 특성은 일반적으로 다음의 4가지로 설명된다.

1. 단음절성(單音節性)

중국어를 표기하는 한자는 한 개의 글자가 하나의 음절[一字一音]로 되어 있으며 또 글자마다 의미를 지닌다. 다시 말해서 글자 하나가 하나의 낱말이 되는데 이를 단음절사(單音節詞)라고 한다. 단음절성의 특징을 갖고 있는 중국어는 한국어나 영어 등 대부분 언어가 소리글자인데 반해 뜻글자라는 특징도 가지고 있다.

花 [huā 꽃]
山 [shān 산]
天 [tiān 하늘]

그러나 현대 중국어에서는 '桌子(탁자)', '电话(전화)' 등과 같이 점차 다음절화(多音節化)되는 추세에 있다. 하지만 아직도 다른 언어에 비하면 단음절성이 두드러진다고 할 수 있다.

2. 고립성(孤立性)

중국어는 우리말이나 영어와는 달리 인칭과 시제에 따라 글에 변화를 일으키는 일이 없다. 즉, 영어의 'go'는 주어가 바뀜에 따라 'go, goes'로, 시제에 따라 'go, went, gone'으로 모양이 변화된다. 또 우리말의 '가다'도 '가니, 가고, 가서, 가면' 등으로 어미가 활용된다.

그러나 중국어는 주어나 시제에 관계없이 언제나 '去'라는 한 글자로 사용된다. 또 중국어에는 '…은, …는, …을, …를'과 같은 조사가 없으며, 다만 어순(語順)에 의해서 문법적인 관계를 나타낸다.

3. 성조(聲調)

중국어는 글자마다 고유의 성조를 지니고 있다. 똑같은 음절이라도 소리의 높낮이와 장단에 따라 의미가 달라진다. 현대 중국어에서는 성조를 크게 4가지, 즉 제1성ㆍ제2성ㆍ제3성ㆍ제4성으로 나누는데, 이것을 사성(四聲)이라고도 한다.

ma				
	제1성	mā	妈	어머니
	제2성	má	麻	삼
	제3성	mǎ	马	말
	제4성	mà	骂	욕하다

위와 같이 성조는 같은 음절에 작용하여 뜻의 차이를 주고 있다. 성조는 중국어 학습에 있어서 절대로 소홀히 다루어서는 안될 중요한 요소이다.

4. 방언(方言)

한어에는 방언이 많은데 크게 나누어 7개의 방언으로 분류된다. 그중에서 가장 많이 쓰이는 것이 '北京语(북경어)'와 '广东语(광동어)'인데, 두 사람의 중국인이 서로서로 북경어와 광동어로 말한다면, 상호간에 완전하게 뜻을 전달할 수가 없다. 그래서 현재에는 '普通话(보통화 ; 공통어, 표준어)'라고 불리는 표준어가 사용되고 있다. '普通话'는 북방 방언을 기초로 해서 북경어의 발음을 표준음으로 하고 있다. 우리가 지금부터 배우게 될 중국어도 바로 이 '普通话'이다.

2.중국어 읽기

1. 한어병음

　중국어는 표의문자(表意文字)이기 때문에 글자만을 보아서는 그 발음이 어떤지를 알 수 없다. 따라서 중국에서는 예로부터 발음을 표시하는 방법을 여러 가지로 고안해서 써왔다. 대표적인 것으로는 한어병음법(汉语拼音法)과 주음부호(主音符号)가 있는데 오늘날 중국 및 대부분의 나라에서 가장 많이 쓰고 있는 것은 한어병음법이다. 한어병음법은 한자의 발음을 로마자로 음을 달고 그 위에 성조기호를 덧붙이는 방식이다.

　주음부호는 한자의 형(形)을 부호화해서 만든 것으로, 현재 대만에서 사용하고 있으나, 이 책에서는 중국 본토의 발음 표시법인 한어병음법으로 표기했다.

　중국어 발음을 익히기 위해 한어병음 음절의 구성상 특징을 살펴보자. 한국어에 자음, 모음이 있듯이 중국어에는 성모, 운모가 있고 그 외에 성조가 있다. 이러한 것을 나타낸 중국어 발음부호를 한어병음이라고 한다. 예를 들어 한자 '江(강)'을 한어병음으로 나타내면 [jiāng]이다.

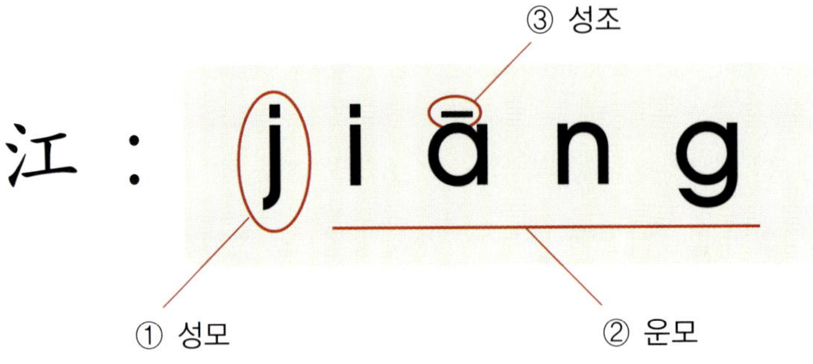

① 성모 : 음의 시작으로 우리말의 자음(子音)에 해당한다.
② 운모 : 성모를 제외한 나머지 부분으로 우리말의 모음(母音)에 해당하고, 받침소리까지 포함한다.
③ 성조 : 음절의 높낮이를 표시한 것으로 4가지 종류가 있다.

　중국어의 특징이 되는 성조는 표준어의 경우 1성, 2성, 3성, 4성에 경성이 더해지는데, 동일한 성모와 운모가 만나더라도 성조가 다르면 다른 발음이 된다. 따라서 성조는 의미를 구별해주는 중요한 역할을 하므로 잘 익혀두어야 한다.

2. 성모(聲母)

음의 시작을 표시하는 성모(声母)는 우리말의 자음(字音)에 해당한다. 중국어 표준어의 성모는 21개가 있는데 발음의 방식에 따라 쌍순음, 순치음, 설첨음, 설근음, 설면음, 권설음, 설치음으로 나뉜다.

성모표(聲母表)

b	bo (뽀)	g	ge (꺼)	zh	zhi (즈)
p	po (포)	k	ke (커)	ch	chi (츠)
m	mo (모)	h	he (허)	sh	shi (스)
f	fo (포)	j	ji (지)	r	ri (르)
d	de (떠)	q	qi (치)	z	zi (쯔)
t	te (터)	x	xi (시)	c	ci (츠)
n	ne (너)			s	si (쓰)
l	le (러)				

성모 발음 방법

(1) 쌍순음(雙脣音) b, p, m

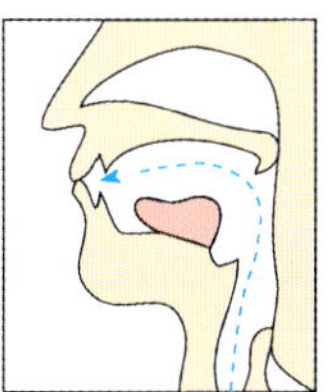

아래위 두 입술을 다물었다가 떼면서 내는 소리로 우리말의 [ㅃ]음을 낸다.

bā	bái	bǎo	bèi
여덟	희다	배부르다	외우다

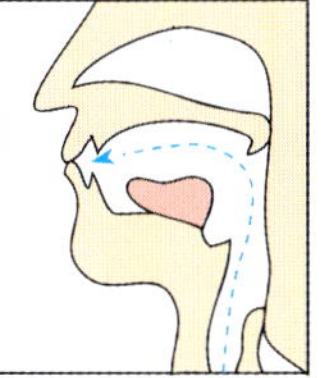

[b]의 발음 요령과 같으나 입김을 더 강하게 내보내면서 우리말의 [ㅍ]음을 낸다.

pō	pá	pǎo	pèi
언덕	기다	달리다	배합하다

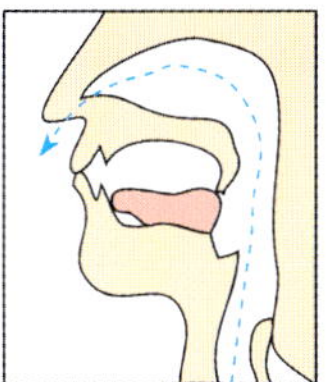

[b]의 발음 요령과 같이 우리말의 [ㅁ]음을 낸다.

mā	mó	mǎi	mài
어머니	갈다	사다	팔다

⑵ 순치음(脣齒音) f

 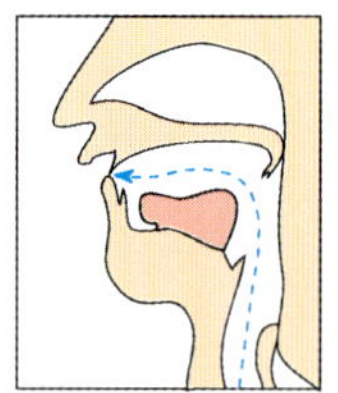

윗니로 아랫입술을 가볍게 갖다 대고 그 사이로 숨을 내쉬면서 마찰시켜 내는 소리로 영어의 [f]음과 같다.

fēi	fó	fǎn	fàng
날다	부처	반대	놓다

⑶ 설첨음(舌尖音) d, t, n, l

 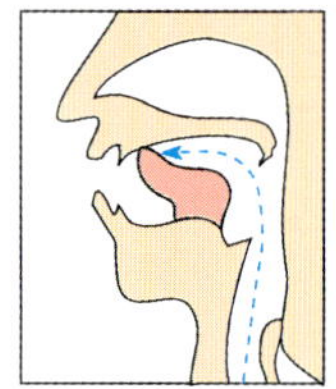

혀끝을 윗잇몸에 붙이고 있다가 떼면서 우리말의 [ㄸ]음을 낸다.

dān	dé	děng	dà
메다	얻다	기다리다	크다

 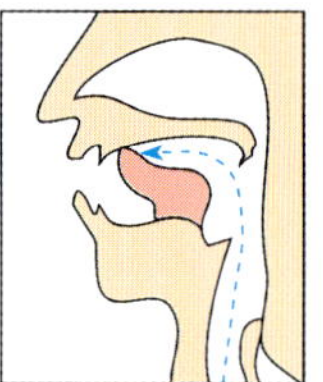

[d]의 발음 요령과 같으나 입김을 더 강하게 내보내며 우리말의 [ㅌ]음을 낸다.

tā	tuán	tǔ	tài
그	단결하다	땅	너무

 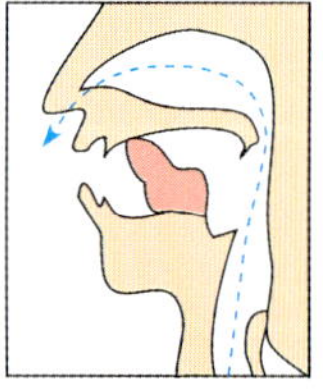

[d]의 발음 요령과 같이 혀끝을 윗잇몸에 붙이고 있다가 떼면서 우리말의 [ㄴ]음을 낸다.

niē	néng	niǎo	niàn
날조하다	할 수 있다	새	읽다

 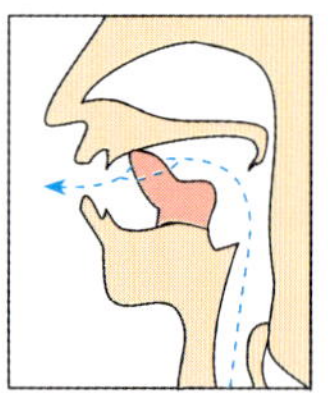

혀끝을 세워 윗잇몸에 붙이고 있다가 떼면서 우리말의 [ㄹ]음을 낸다.

lā	lái	lǎo	lèi
당기다	오다	늙다	피곤하다

⑷ 설근음(舌根音) g, k, h

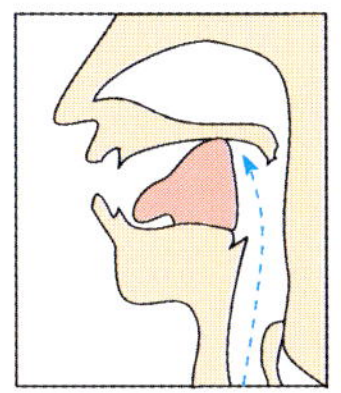

혀뿌리를 위로 올려 여린입천장에 붙였다가 떼면서 우리말의 [ㄲ]음을 낸다.

gāo	gé	gǎi	gèng
높다	막다	바꾸다	더욱

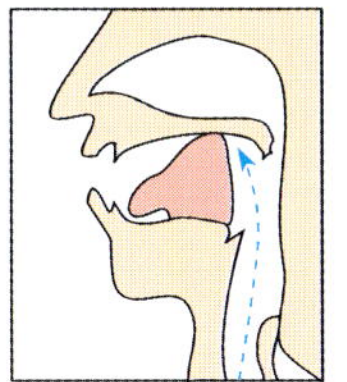

[g]의 발음 요령과 같으나 입김을 더 강하게 내보내면서 우리말의 [ㅋ]음을 낸다.

kāi	kuáng	kǒu	kàn
열다	미치다	입	보다

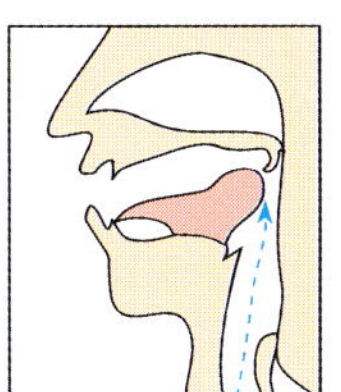

혀뿌리를 여린입천장에 닿을 듯이 접근시켜 그 사이로 숨을 내쉬면서 우리말의 [ㅎ]음을 낸다.

hē	hóng	hǎo	hòu
마시다	붉다	좋다	뒤

⑸ 설면음(舌面音) j, q, x

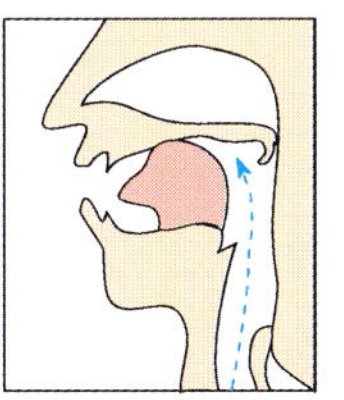

혓바닥을 올려 굳은입천장에 가볍게 붙였다가 살짝 떼면서 사이로 숨을 내쉬며 마찰시켜 [ㅈ]음을 낸다.

jiā	jí	jiě	jiào
집	등급	누이	가르치다

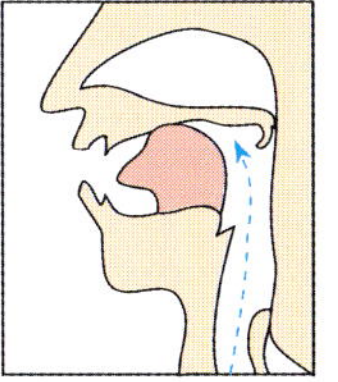

[j]의 발음 요령과 같으나 입김을 더 강하게 내보내면서 우리말의 [ㅊ]음을 낸다.

qī	qióng	qǐng	qù
칠	가난하다	부탁하다	가다

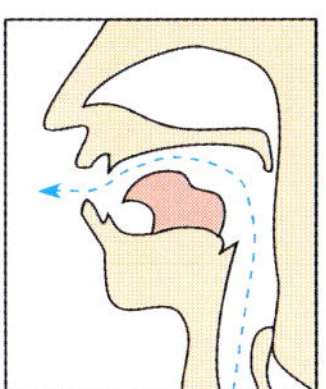

혓바닥을 굳은입천장에 접근시키되 붙이지는 말고 그 사이로 숨을 내쉬면서 마찰시켜 [ㅅ]음을 낸다.

xiū	xué	xiǎo	xiàng
쉬다	배우다	작다	향하다

⑹ 권설음(卷舌音) zh, ch, sh, r

 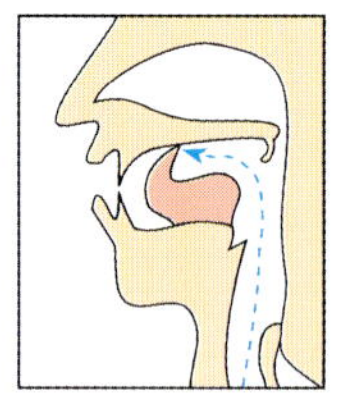

혀끝을 안으로 말아올려 굳은입천장에 가볍게 닿게 한 뒤 약간만 떼면서 사이로 숨을 내쉬며 [즈]음을 낸다.

zhēn	zhá	zhǎo	zhè
정말	튀기다	찾다	이것

 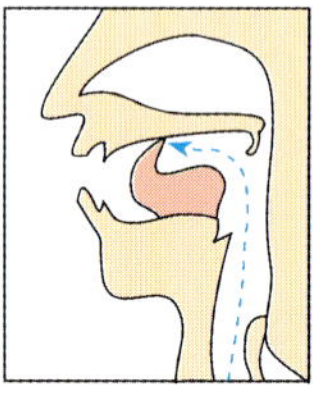

[zh]의 발음 요령과 같으나 입김을 더 강하게 내보내면서 우리말의 [츠]음을 낸다.

chī	chá	chǎng	chòu
먹다	차	공장	냄새나다

 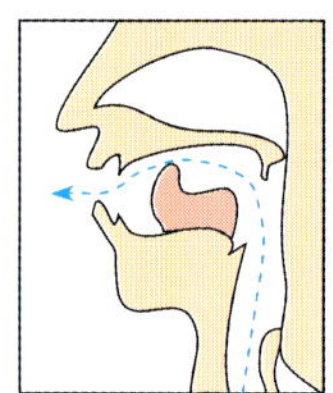

[zh]의 발음 요령과 같으나 안으로 말아올린 혀끝을 굳은입천장에 닿을듯 말듯한 상태에서 [스]음을 낸다.

shū	shí	shuǐ	shàn
책	열, 십	물	착하다

 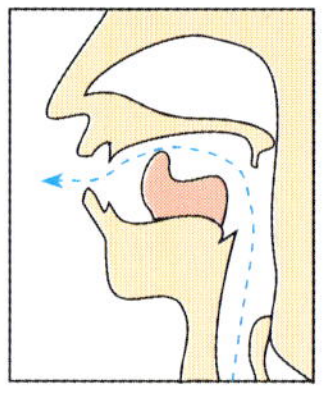

[sh]의 발음 요령과 같으나 성대를 울리면서 우리말의 [ㄹ]과 비슷한 음을 낸다.

rēng	rén	ruǎn	ròu
던지다	사람	부드럽다	고기

⑺ 설치음(舌齒音) z, c, s

 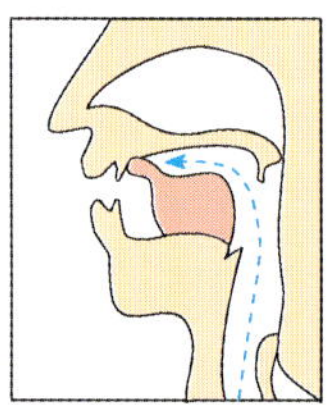

혀끝을 윗니 안쪽에 댔다가 조금 떼면서 우리말의 [쯔]음을 낸다.

zāng	zá	zǎo	zài
더럽다	복잡하다	이르다	있다

 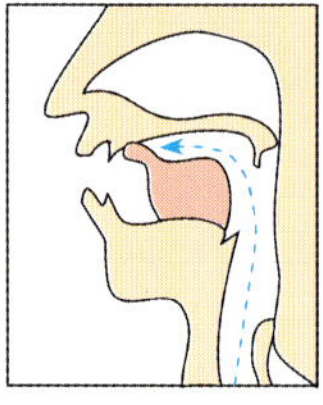

[z]의 발음 요령과 같으나 입김을 더 강하게 내보내면서 우리말의 [츠]음을 낸다.

cōng	cún	cǎo	cài
파	존재하다	풀	요리

 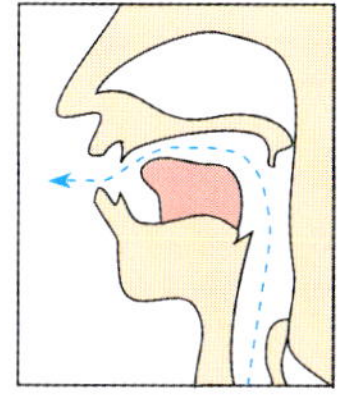 [z]의 발음 요령과 같으나 혀끝을 윗니 안쪽에 약간 닿을듯 말듯한 상태에서 우리말의 [쓰]음을 낸다.

suān	suí	suǒ	sè
시다	따르다	장소	색깔

3. 운모(韻母)

(1) 기본 운모

기본 운모에는 다음과 같은 15개가 있다.

운모	발음	발음 요령	유의점
a	아	입을 크게 벌려서 발음한다.	
o	오	입을 둥글게 하고 두 입술의 간격을 적당히 벌려서 발음한다.	
e	어 / 에	'o'를 발음한 것에서 입을 옆으로 벌리고 혀를 뒤로 하여 발음한다.	i, ü와 결합할 때 '에'로 발음 예 mei, jie, üe
i	이	입술 양끝을 최대한 옆으로 당기고 발음한다.	결합하는 성모가 없으면 yi 로 표기
u	우	입술을 둥글게 오므리며 앞으로 내밀며 발음한다.	결합하는 성모가 없으면 wu 로 표기
ü	위	입술을 둥글게 오므리고 '위'를 발음하되 중간에 입술 모양이 변하지 않도록 한다.	결합하는 성모가 없으면 yu 로 표기
ai	아이	'아'를 길게 하고 '이'를 짧게 연결하여 발음한다.	
ei	에이	'에'를 길게 하고 '이'를 짧게 연결하여 발음한다.	
ao	아오	'아'를 길게 하고 '오'는 짧고 약하게 발음한다.	
ou	어우	'어'를 길게 하고 '우'는 짧고 약하게 발음하되, '오우'로 발음하지 않도록 한다.	
an	안	'아'를 길게 내며 혀끝을 윗잇몸에 붙인 채 'ㄴ'받침을 붙여 발음한다.	
en	언	'어'를 길게 내며 'ㄴ'받침을 붙여 발음한다.	

운모	발음	발음 요령	유의점
ang	앙	'아'를 길게 내며 혓뿌리로 입천장을 막으며 'ㅇ'받침을 발음한다.	
eng	엉	'어'를 길게 내며 'ㅇ'받침을 붙여 발음한다.	
er	얼	'어'를 발음하면서 혀끝을 살짝 말아 올려 'ㄹ'받침을 붙여 발음한다.	

① i : 성모 중에 권설음 [zh, ch, sh, r], 설치음 [z, c, s]과 결합할 때 '이'로 발음되지 않고 '으'에 가깝게 발음된다.

② u : 성모 중에 설면음 [j, q, x]와 함께 나오면 'ü'를 대신한 것이므로 '위'로 발음된다.

　　[j, q, x] 뒤에 나온 'u'는 실제로 'ü'인데 두 점을 생략하고 쓴 것이다.

(2) 결합 운모

결합운모는 [i, u, ü] 세 운모에 다른 운모가 결합하여 이루어진 것이다. 즉, [i, u, ü] 운모가 다른 운모의 앞에 들어가는데 '이, 우, 위' 발음이 뒤따르는 운모와 합쳐지는 것이 아니라 분명히 드러나게 발음해야 한다. 예를 들어 'iao'를 '야오'라고 발음하지 말고 '이아오'처럼 '이'가 남아있도록 발음한다.

운모	발음	발음 요령	유의점
ia	이아	ya	
ie	이에	ye	
iao	이아오	yao	
iou	이어우	you	성모와 결합할 때 iu 로 표기한다. 예 jiu
ian	이엔	yan	'이안'이 아니라 '이엔'으로 발음해야 한다.
in	인	yin	결합하는 성모가 없으면 y 를 i 앞에 더한다.
iang	이앙	yang	

운모	발음	발음 요령	유의점
ing	잉	ying	결합하는 성모가 없으면 y 를 i 앞에 더한다.
iong	이옹	yong	
ua	우아	wa	
uo	우어	wo	
uai	우아이	wai	
uei	우에이	wei	성모와 결합할 때 ui 로 표기한다. 예 dui
uan	우완	wan	
uen	우언	wen	성모와 결합할 때 un 로 표기한다. 예 chun
uang	우앙	wang	
ueng	우엉	weng	성모와 결합할 때 ong 로 표기한다. 예 dong
üe	위에	yue	결합하는 성모가 없으면 ü → yu 로 표기한다.
üan	위엔	yuan	
ün	윈	yun	

4. 한어병음 방안의 쓰기와 읽기

(1) 쓰기의 주의점

앞에 성모가 없이 모음으로 음절이 시작될 때는 그 표기법이 다소 달라진다.

① 'i'로 시작하는 음절은 'i'를 'y'로 바꾸어 표기한다.　　　　　　　ia → ya
　단, 음절 중 'i'모음만 있으면, 'i'를 'yi'로 바꾸어 표기한다.　　　i → yi
② 'u'로 시작하는 음절은 'u'를 'w'로 바꾸어 표기한다.　　　　　　uo → wo
　단, 음절 중 'u'모음만 있으면, 'u'를 'wu'로 바꾸어 표기한다.　　u → wu
③ 'ü'로 시작하는 음절은 'ü'를 'yu'로 바꾸어 표기한다.　　　　　üe → yue
　또 'ü'는 'j, q, x, y' 뒤에서는 위의 두 점을 떼어버리고 'u'로 쓴다.　jü → ju

(2) 읽기의 주의점

복모음은 모음이 두 개 이상 합쳐져서 된 모음으로, 모두 부드럽게 이어서 발음해야 한다. 한어병음 방안에서 주의하여 읽어야 할 모음은 'e, i, u'이다.

① e : 단독 혹은 성모의 뒤와 'n, ng'의 앞에서는 '어'로 읽고, 'i'의 앞뒤와 'ü'의 뒤에서는 '에'로 읽는다.
② i : 'z, c, s'와 'zh, ch, sh, r'의 뒤에서는 '으'로 읽고, 그밖의 성모의 뒤에서는 '이'로 읽는다.
③ u : 'j, q, x, y'의 뒤에서는 'ü'로 취급하여 발음하고, 그밖의 경우에는 '우'로 발음된다.

3. 성조

    중국어는 성조(聲調)의 언어라고 할 만큼, 성조를 떼어놓고 생각할 수 없다. 성모와 운모를 익히고 나면 발음을 마스터한 것으로 생각하기 쉬운데 발음에서 가장 중요한 것이 성조라고 할 수 있다. 성조란 음의 높낮이와 그 변화를 가리키는 말로서 중국어에는 같은 음의 한자가 상당히 많지만 각 한자마다 고유한 성조가 있음으로 해서 변별력이 생긴다. 또 같은 한자라도 성조의 변화에 따라서 의미가 달라진다. 표준 중국어에는 1성·2성·3성·4성의 4개의 기본 성조가 있다.

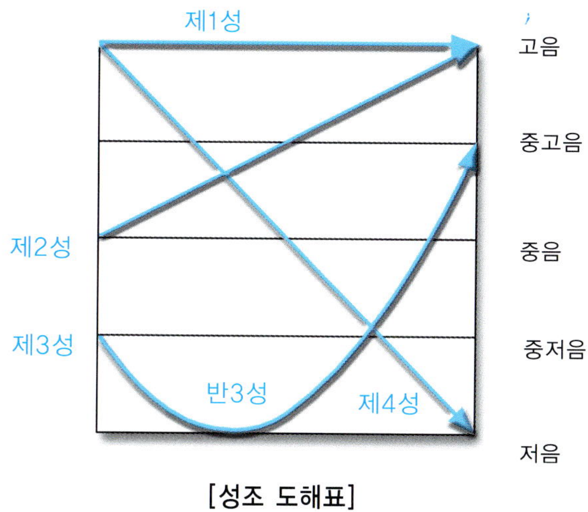

[성조 도해표]

1. 사성조(四聲調)와 경성(輕聲)

제1성

제1성은 높고 평평한 음으로 끝까지 힘을 빼지 않고 높이를 유지하며 발음한다.

제2성

xué
rén
guó
qián

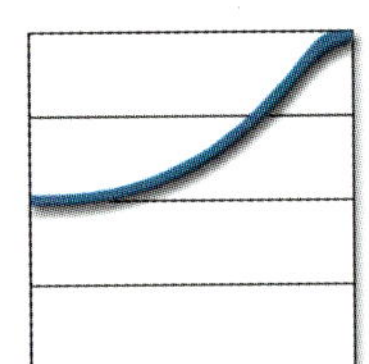

qiáo

niú

xié

제2성은 중간 높이에서 가장 높은 음으로 단숨에 짧게 끌어올리며 뒤쪽에 힘을 넣어 발음한다.

제3성

wǒ
xiǎo
gěi
dǒng

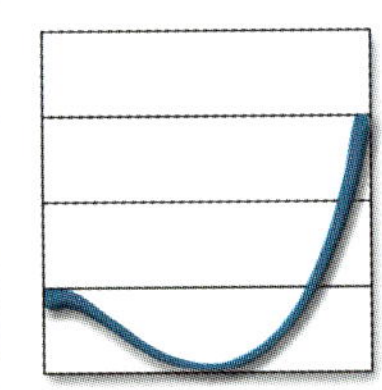

sǎn

zǎo

xuě

제3성은 제2성보다 조금 낮게 발음하기 시작해서 소리가 가장 낮은 음으로 떨어져 머무르게 한 다음 다시 높은 음으로 끌어올린다.

제4성

cài
dà
gàn
zì

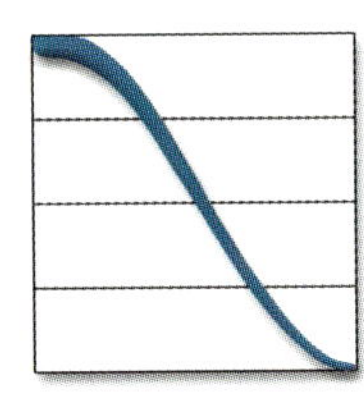

shù

mào

tù

제4성은 가장 높은 음에서 시작하여 가장 낮은 음으로 빠르게 소리를 떨어뜨린다.

경성

표준어에서 일부 음절은 약하고 짧게 발음되는데, 이를 경성이라고 한다. 경성은 특별한 성조 표기를 하지 않으며, 앞 음절의 성조에 따라 소리의 높이가 달라진다.

2. 성조의 변화

제3성의 변화1

hěn hǎo
biǎo yǎn
fǔ dǎo

제3성 + 제3성 → 제2성 + 제3성

제3성의 뒤에 같은 제3성이 오면, 앞에 있는 3성은 2성으로 발음한다. 성조 표기는 그대로 제3성으로 한다.

제3성의 변화2

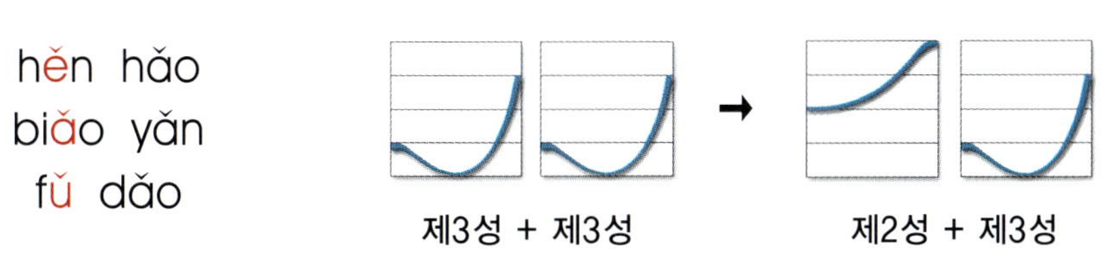

제3성의 뒤에 3성 이외의 1, 2, 4성 및 경성이 오면 제3성의 전반부만 발음되는 반3성으로 변한다. 즉, 떨어지는 부분만 발음하는 것이다. 단, 성조의 표기는 제3성 그대로 표기한다.

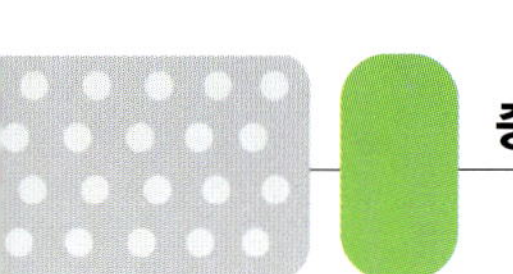

一, 七, 八, 不의 변화

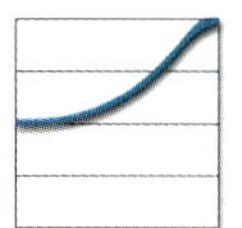 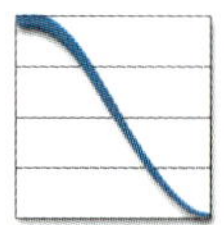 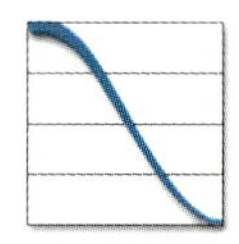 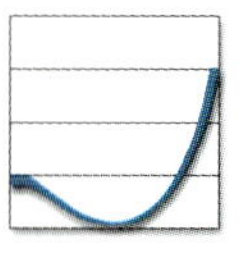 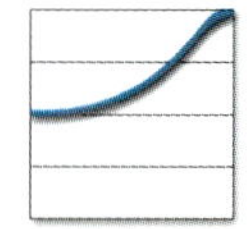 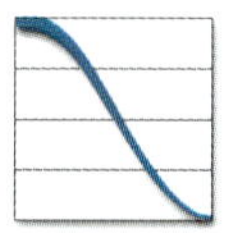

bù shì → bú shì　　yī qǐ → yì qǐ　　yī yàng → yí yàng

'不'는 본래 제4성인데 뒤에 제4성 음절이 이어지면 제2성으로 변화하고 '不'뒤에 제4성 외에 다른 성조가 올 때는 변화하지 않는다.

'一'는 본래 제1성인데 뒤에 제1성, 제2성, 제3성이 이어지면 제4성으로 변화한다. 뒤에 제4성이 이어지면 '一'는 제2성으로 변화한다. '一'가 제1성을 유지하는 경우는 단독으로 읽히거나, 문장 끝에 위치한 경우와 서수와 기수를 나타낼 때이다.

3. 성조기호를 붙이는 위치

성조를 나타내는 부호는 제1성, 제2성, 제3성, 제4성 차례대로 ' ̄ ˊ ˇ ˋ '로 표기하고 해당 발음의 주요 모음 위에 표시한다.

주요 모음은 'a, o, e, i, u, ü'를 말하는데, 주요 모음이 여럿 있을 경우 성조를 표기하는 위치는 입을 크게 벌리는 순서로 결정되며, a 〉e, o 〉i. u. ü 의 순이다.

경성에는 성조를 표기하지 않는 것이 원칙이다. 반3성과 같이 성조의 변화가 있는 경우라도 표기는 원래 글자의 성조대로 표기한다.

※ 본래 '一'와 '不'의 성조표기는 제1성과 제4성이지만 이 교재에서는 학습의 편의상 '一'와 '不'의 성조표기를 실제 회화에서 변화되는 성조로 표기하였습니다.

실제편

shíjìpiān

Part.01 你好!

안녕하세요!

Text 01

1 你好!❶
Nǐ hǎo!

你们好!
Nǐmen hǎo!

再见!❷
Zàijiàn!

. . . .

2 你好吗?
Nǐ hǎo ma?

我很好, 你呢?❸
Wǒ hěn hǎo, nǐ ne?

我也很好。❹
Wǒ yě hěn hǎo.

해설

1 안녕하세요!
여러분, 안녕하세요!
잘 가세요.

2 잘 지내세요?
잘 지냅니다, 당신은요?
나도 잘 지냅니다.

1. 안녕하세요!

你好!　Nǐ hǎo.

'你好!'는 가장 일반적인 인사말이다. 흔히 중국어 인사가 '你好吗?'인 것으로 알려져 있는데, 정확한 용례를 알고 써야 한다. '你好!'는 아는 사람 간에나 혹은 처음 만나는 사람 간에 쓸 수 있는 흔한 인사말이며 응답도 '你好!'라고 하는 데 반해, '你好吗?'는 아는 사람 간에 안부를 묻는 경우에 주로 쓰이며 그 응답은 보통 '(我) 很好'라고 한다.

2. 잘 가세요.

再见。　Zàijiàn.

'再见'은 헤어질 때 어느 경우에나 쓸 수 있는 말이다. '다시 만나자'라는 원뜻에서 비롯된 것으로 우리말로는 '안녕히 계십시오, 안녕히 가십시오' 등으로 옮길 수 있다. 전화상에서도 대화를 마치면서 마지막에 '再见'이라고 한다.

3. 잘 지냅니다, 당신은요?

我很好, 你呢?　Wǒ hěn hǎo, nǐ ne?

'…呢?'는 앞서의 구체적인 내용을 대신하여 간단히 묻는 물음이다. 즉, '你呢?'는 '당신은 (안녕한가)요?'라는 표현이다.

새 단어

你 nǐ 너, 당신	好 hǎo 안녕하다, 좋다
你们 nǐmen 너희, 당신들	再见 zàijiàn (헤어질 때) 안녕, 다시 만나자
吗 ma …입니까? (의문문을 만드는 조사)	我 wǒ 나
很 hěn 아주, 매우	呢 ne …는요? (의문문을 만드는 조사)
也 yě 역시, …도	

Text 02

3
니 망 마
你 忙 吗?
Nǐ máng ma?

워 헌 망
我 很 忙。
Wǒ hěn máng.

워 뿌 망
我 不 忙。
Wǒ bù máng.

. . . .

4
니 션티 하오 마
你 身 体 好 吗?
Nǐ shēntǐ hǎo ma?

헌 하오
很 好。
Hěn hǎo.

부 타이 하오
不 太 好。❺
Bú tài hǎo.

해설

3 당신 바쁘세요?
나는 아주 바쁩니다.
나는 바쁘지 않습니다.

4 당신 건강은 좋습니까?
아주 좋습니다.
별로 좋지 않습니다.

4. 나도 잘 지냅니다.

我也很好。 Wǒ yě hěn hǎo.

'…也'는 '…도, …도 역시'의 뜻으로 주어의 뒤, 술어의 앞에 쓰인다.

我也很忙。 Wǒ yě hěn máng.
나도 매우 바빠요.

5. 별로 좋지 않습니다.

不太好。 Bú tài hǎo.

'不太…'는 '太'가 너무라는 뜻이므로 '너무 …하지는 않다'의 뜻에서 '별로 …하지 않다'
가 된다.

새단어

忙 máng 바쁘다
不 bù 아니다, …이지 않다
身体 shēntǐ 신체, 몸
太 tài 너무

Dialogue

회화 I

A : 你好!
Nǐ hǎo!

B : 你好!
Nǐ hǎo!

A : 你身体好吗?
Nǐ shēntǐ hǎo ma?

B : 不太好, 你忙吗?
Bú tài hǎo, nǐ máng ma?

A : 很忙。 再见!
Hěn máng. Zàijiàn!

B : 再见!
Zàijiàn!

해석

A : 안녕하세요!

B : 안녕하세요!

A : 당신 건강은 좋습니까?

B : 별로 좋지 않습니다, 당신은 바쁩니까?

A : 아주 바쁩니다. 안녕히 계세요.

B : 안녕히 가세요.

A : 你好吗?
Nǐ hǎo ma?

B : 很好, 你呢?
Hěn hǎo, nǐ ne?

A : 我也很好, 你忙吗?
Wǒ yě hěn hǎo, nǐ máng ma?

B : 我不太忙, 你呢?
Wǒ bú tài máng, nǐ ne?

A : 我很忙。 再见!
Wǒ hěn máng.　Zàijiàn!

B : 再见!
Zàijiàn!

A : 너 잘 지내니?
B : 잘 지내, 너는?
A : 나도 잘 지내, 너 바쁘니?
B : 나는 별로 안 바빠, 너는?
A : 나는 아주 바빠. 안녕!
B : 안녕!

✳형용사술어문

사람·사물의 성질, 혹은 동작·행위의 상태를 나타내는 말을 형용사라고 하며, 이 형용사가 서술어가 되는 문장이 형용사술어문이다.

1. 형용사는 단독으로 술어 기능을 할 수 있다.

- 你好。 Nǐ hǎo.
  안녕하세요.

2. 형용사술어는 '很'이나 '太' 등의 정도를 표시하는 부사의 수식을 받을 수 있다.

- 我很好。 Wǒ hěn hǎo.
  나는 아주 좋다.

- 我太忙。 Wǒ tài máng.
  나는 너무 바쁘다.

3. 형용사술어문의 부정은 형용사 앞에 '不'를 덧붙이면 된다.

- 我不忙。 Wǒ bù máng.
  나는 바쁘지 않다.

4. 형용사술어문의 의문문 형식은 문장 끝에 '吗'를 쓰거나 혹은 형용사의 긍정형과 부정형을 병렬한 정반의문문으로 나타낸다.

- 당신은 바쁩니까?
  你忙吗? / 你忙不忙? Nǐ máng ma? / Nǐ máng bu máng?

- 좋습니까?
  好吗? / 好不好? Hǎo ma? / Hǎo bu hǎo?

중국어 숫자읽기

중국어의 숫자는 '1~10, 0'과 자릿수를 나타내는 '십, 백, 천, 만, 억, 조' 등이 있다. 그리고 수량을 세는 단위가 되는 '2(둘)'는 '兩 liǎng'을 쓴다. 또한 순서를 나타내는 경우의 서수 용법은 '第 dì'를 숫자 앞에 붙인다.

一 yī	二 èr	三 sān	四 sì	五 wǔ
일	이	삼	사	오
六 liù	七 qī	八 bā	九 jiǔ	十 shí
육	칠	팔	구	십
百 bǎi	千 qiān	万 wàn	亿 yì	兆 zhào
백	천	만	억	조
零 líng	兩 liǎng		第一课 dì yī kè	
영, 0	둘		제1과	

숫자 읽는 법은 [숫자(+자릿수+숫자…)]의 형식이며 몇 가지 숫자를 예시하면 다음과 같다.

- 19 　　　 十九 　　　　　　 shíjiǔ
- 36 　　　 三十六 　　　　　 sānshíliù
- 105 　　 一百零五 　　　　 yībǎi líng wǔ
- 2,325 　 两千三百二十五 　 liǎngqiān sānbǎi èrshíwǔ
- 4,700 　 四千七(百) 　　　 sìqiān qī(bǎi)
- 10,080 　一万零八十 　　　 yīwàn líng bāshí

1. 성조에 유의하여 읽으시오.

(1) hěn hǎo, hěn máng

(2) bù máng, bú tài

2. 다음 빈칸에 알맞은 말을 넣으시오.

(1)	再见	zàijiàn	
(2)	吗		…입니까?
(3)		yě	…도, 역시
(4)	很		아주
(5)		bù	…이 아니다
(6)	呢		…는요?

3. 다음을 중국어로 쓰시오.

(1) 나도 아주 바쁩니다.

→

(2) 나는 건강이 별로 좋지 않습니다.

→

① (1) hěn hǎo　很好
　　 hěn máng　很忙
　 (2) bù máng　不忙
　　 bú tài　不太

③ (1) 아주　很
　 (2) 건강　身体

해답

1. (1) 'hěn hǎo'에서 'hěn'은 2성으로 읽어야 하고 'hěn máng'에서 'hěn'은 반3성으로 읽는다.
　 (2) 'bù'는 뒤에 오는 성조가 4성일 경우 2성으로 변화한다.
2. (1) 안녕히 가세요. / 언녕히 계세요.　(2) ma　(3) 也　(4) hěn　(5) 不　(6) ne
3. (1) 我也很忙。　　　(2) 我身体不太好。

중국의 자연환경과 역사

■ 위치와 면적

아시아 대륙의 동부에 위치하고 있는 중국은 북한 · 러시아 · 몽골 · 파키스탄 · 미얀마 등 14개 국가와 국경을 접하고 있다. 남북의 길이는 약 5,500km, 동서의 폭은 약 5,200km이다. 동쪽의 북경과 서쪽 신강위구르자치구의 우루무치까지 기차로 44시간이 걸리며 시차는 2시간이다.(실제로 시차는 적용하고 있지 않으며 베이징 표준시만 채택하고 있다.) 면적은 약 960만 ㎢로 러시아, 캐나다에 이어 세계 3번째의 광활한 국토를 소유하고 있다.

■ 지형

서고동저의 지형으로 황하(黄河 Huánghé), 장강(长江 Chángjiāng;양자강) 등 대부분의 강은 지세에 따라 서에서 동으로 흐르며, 평원 · 구릉 · 고원 · 사막 · 산지 등이 골고루 갖추어져 있다. 유명한 산으로는 오악(五岳 Wǔ Yuè)으로 꼽는 태산(泰山 Tàishān) · 화산(华山 Huáshān) · 형산(衡山 Héngshān) · 항산(恒山 Héngshān), 숭산(嵩山 Sōngshān)과 황산(黄山 Huángshān)과 아미산(峨眉山 Éméishān) 등 이 유명하다.

■ 역사

중국은 약 5,000년의 역사를 가지고 있으며 여러 나라들이 분열과 통일을 반복해왔다. 최초의 통일 국가는 진나라(秦 Qín)이며 그 이후 한(汉 Hàn), 수(隋 Suí), 당(唐 Táng), 송(宋 Sòng), 원(元 Yuán), 명(明 Míng) 청(清 Qīng) 등이 통일 왕조를 이루었다. 청나라 이후 민국 시기를 거쳐 1949년 현재의 중화인민공화국이 성립되었다.

■ 문화

문명의 발상지이기도 한 중국은 한자의 나라, 공자(孔子 Kǒngzǐ)의 나라로도 잘 알려져 있다. 중국은 역사적으로 한자와 유교를 비롯 불교, 도교 등 다양한 문화와 종교, 사상을 동북아시아에 전파하였다. 그 중 한자와 유교는 '한자문화권', '유교문화권' 처럼 하나의 문화권을 만들어 낼 만큼 아시아 문화에 강한 영향력을 행사하고 있다.

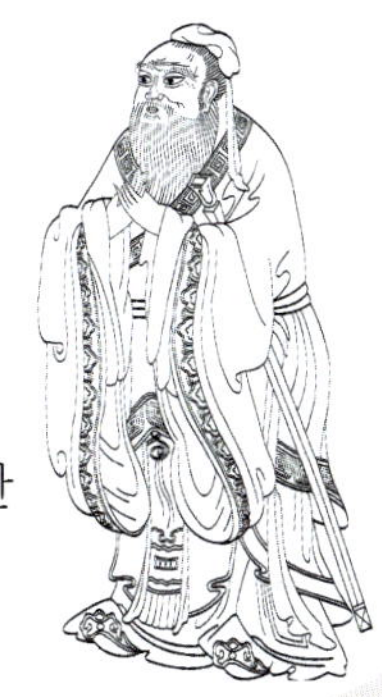

忙

máng
바쁘다
[망]

忙　忙　忙　忙
máng

丶　丶　忄　忄　忙　忙

很忙　hěn máng　아주 바쁘다

不

bù 아니다,
…이지 않다
[부, 불]

不　不　不　不
bù

一　ア　不　不

不好　bù hǎo　좋지 않다

我

wǒ
나
[아]

我　我　我　我
wǒ

丿　一　十　手　我　我　我

我们　wǒmen　우리들

再

zài
다시, 또
[재]

再　再　再　再
zài

一　丁　厅　再　再　再

再见　zàijiàn　안녕, 다시 봅시다

很

hěn
아주, 매우
[흔]

很　很　很　很
hěn

ク　彳　彳　狠　狠　很

很好　hěn hǎo　매우 좋다

们

men
복수를 표시
[倆 문]

们 们 们 们
men

丿 亻 亻 们 们
他们　tāmen　그들

你

nǐ
너, 당신
[니]

你 你 你 你
nǐ

丿 亻 亻 亻 亻 你
你好?　nǐ hǎo!　안녕하세요?

见

jiàn
보다, 만나다
[見 견]

见 见 见 见
jiàn

丨 冂 贝 见
见面　jiànmiàn　만나다

好

hǎo 좋다,
안녕하다
[호]

好 好 好 好
hǎo

乚 女 女 好 好 好
你好吗?　Nǐ hǎo ma?　안녕하신가요?

吗

ma
…입니까?
[嗎 마]

吗 吗 吗 吗
ma

丨 口 吗 吗 吗
好吗?　hǎo ma?　좋습니까?

37

Part.02

您贵姓?

당신은 성이 무엇입니까?

Text 01

1 你 姓 什 么?❶
니 씽 션머
Nǐ xìng shénme?

我 姓 王,❷
워 씽 왕
Wǒ xìng Wáng,

叫 王 明 德。
지아오 왕 밍더
jiào Wáng Míngdé.

· · · · · · · · · · · · · · · ·

2 您 贵 姓?❸❹
닌 꿰이 씽
Nín guì xìng?

我 姓 李,
워 씽 리
Wǒ xìng Lǐ,

叫 李 英 姬。
지아오 리 잉지
jiào Lǐ Yīngjī.

해설

1 너는 성이 뭐니? 나는 왕씨이고, 왕명덕이라고 해.	**2** 당신의 성은 무엇입니까? 나는 이씨이고, 이영희라고 합니다.

1. 너는 성이 뭐니?

你姓什么? Nǐ xìng shénme?

'什么'는 의문을 표시하는 '무엇, 무슨'이다. '姓什么?'는 성(姓)을 물어보는 보통 말이다.

2. 저의 성은 왕입니다.

我姓王。 Wǒ xìng Wáng.

'姓'은 동사 용법으로 '성이 …이다'의 뜻이고, 목적어로 '王'이 온 것이다.

3. 당신

您 Nín

'您'은 상대방을 높일 때 쓰는 '你'의 경어이다. 그렇다고 '你'가 아주 낮춤말이 되는 것은 아니다. 중국어의 높임법은 대부분 공손한 의미를 갖는 어휘의 선택으로 이루어지며 동사의 어미 변화 같은 것은 없다. 따라서 처음 배우는 사람에게는 중국어는 모두 반말이다라는 인상을 주는데, '你'는 반말이 아니라 보통으로 2인칭을 나타내는 말이 된다. 대체로 특별히 공경을 표시하는 경우가 아니라면 '您'이 아니라 '你'를 써도 무방하다.

4. 당신의 성은 무엇입니까?

您贵姓? Nín guì xìng?

'贵'는 원래 '귀한'의 의미로 역시 존경의 뜻을 나타낸다. 우리말에서와 같이 '贵国, 贵校'는 상대방 나라, 학교를 가리킨다. 따라서 '您贵姓?'의 뜻은 '당신은 (귀한) 성이 무엇입니까?'라는 뜻으로, 정중하게 물어볼 때 쓰는 말이다.

새 단 어

姓 xìng 성이 …이다, 성		什么 shénme 무엇, 무슨	
您 nín 당신('你'의 존칭)		贵 guì 귀하다 (존경을 나타냄)	
叫 jiào 부르다, 이름이 …이다			
王 Wáng (姓) 왕		明德 Míngdé (이름) 명덕	
李 Lǐ (姓) 이		英姬 Yīngjī (이름) 영희	

Text 02

니 지아오 선 머 밍 즈

3 你 叫 什 么 名 字?❺

Nǐ jiào shénme míngzi?

워 씽 장

我 姓 张,

Wǒ xìng Zhāng,

밍 즈 지아오 장 따 중

名 字 叫 张 大 中。

míngzi jiào Zhāng Dàzhōng.

· · · · · · · · · · · · · · · · · · ·

쩐 머 청 후

4 怎 么 称 呼?❻

Zěnme chēnghu?

워 지아오 짜오 리 니 너

我 叫 赵 力, 你 呢?

Wǒ jiào Zhào Lì, nǐ ne?

워 지아오 오우 양 밍 따오

我 叫 欧 阳 明 道。

Wǒ jiào Ōuyáng Míngdào.

해설

3 당신의 이름은 무엇입니까?
나는 장씨이고,
이름은 장대중이라 합니다.

4 어떻게 부르지요?
나는 조력입니다. 당신은요?
나는 구양 명도입니다.

5. 당신의 이름은 무엇입니까?

你叫什么名字?　Nǐ jiào shénme míngzi?

'什么'는 '名字'를 꾸미며, '당신은 무슨 이름으로 불립니까?'로 해석할 수 있다. '姓'은 성만
을 얘기하는 반면 '叫'는 성을 포함한 이름을 말한다.

6. 어떻게 부르지요?

怎么称呼?　Zěnme chēnghu?

예의를 차려서 상대방의 이름을 물을 때 쓰는 표현이다. '怎么'는 '어떻게'라는 방법, 방식을
묻는 의문사이다. 직역하면 '어떻게 부르지요?'이지만 '성함이 어떻게 되십니까?'의 의미가
내재되어 있다고 볼 수 있다.

새 단어

名字　míngzi　이름　　　　　怎么　zěnme　어떻게
称呼　chēnghu　부르다

张　Zhāng　(姓) 장　　　　　大中　Dàzhōng　(이름) 대중
赵　Zhào　(姓) 조　　　　　力　Lì　(이름) 력
欧阳　Ōuyáng　(姓) 구양　　明道　Míngdào　(이름) 명도

A : 니 하오
你 好!
Nǐ hǎo!

B : 니 하오　니 꿰이 씽
你 好! 你 贵 姓?
Nǐ hǎo! Nǐ guì xìng?

A : 워 씽 왕　자오 왕　밍 더
我 姓 王, 叫 王 明 德。
Wǒ xìng Wáng, jiào Wáng Míngdé.

니 자오 선 머　밍 즈
你 叫 什 么 名 字?
Nǐ jiào shénme míngzi?

B : 워 자오 리　잉 지
我 叫 李 英 姬。
Wǒ jiào Lǐ Yīngjī.

A : 안녕하세요!

B : 안녕하세요! 당신의 성은 무엇입니까?

A : 나는 왕씨이고, 이름은 왕명덕(왕밍더)입니다.
　　당신의 이름은 무엇입니까?

B : 나는 이영희(리잉지)라고 합니다.

A : 怎么 称 呼?
Zěnme chēnghu?

B : 我 姓 赵, 名 字 叫 赵 力。 您 呢?
Wǒ xìng Zhào, míngzi jiào Zhào Lì. Nín ne?

A : 我 叫 张 大 中。 再 见!
Wǒ jiào Zhāng Dàzhōng. Zàijiàn!

B : 再 见!
Zàijiàn!

해석

A : 어떻게 부르지요?

B : 나는 조씨이고, 조력(자오리)이라고 합니다. 당신은요?

A : 나는 장대중(장따종)입니다. 안녕(히 계세요)!

B : 안녕(히 가세요)!

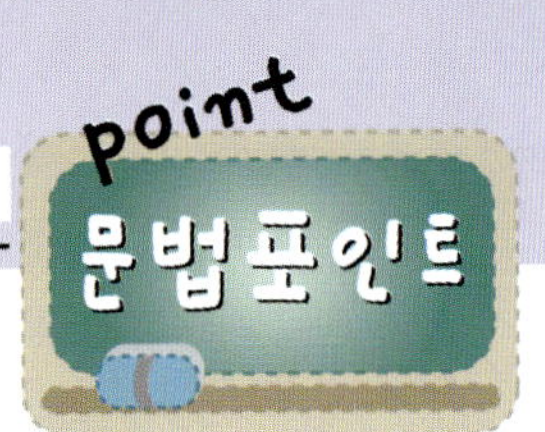

✽ 동사술어문

동작, 행위, 심리 활동, 상태의 발전이나 변화, 판단, 소유, 존재 따위를 나타내는 말을 동사라 한다. 동사술어문은 동사의 기본적인 기능이 술어가 된다는 것이다.

1. 동사의 목적어는 동사 뒤에 쓴다.

- 你 <u>姓</u> <u>什么</u>?　　Nǐ xìng shénme?　너는 성이 뭐니?
　　동사 목적어

- 我 <u>叫</u> <u>王明</u>。　　Wǒ jiào Wáng Míng.　나는 왕밍(王明)이라고 해.
　　동사 목적어

2. 부정 형식은 '不'나 '没 méi(有 yǒu)'를 더하면 된다.

- 我不姓金。　Wǒ bú xìng Jīn.
　나는 김씨가 아니다.

- 我没叫你。　Wǒ méi jiào nǐ.
　나는 너를 부르지 않았다.

3. 의문문 형식은 '吗'를 쓰거나 긍정 부정의 병렬 형식으로 쓸 수 있다.

- 너는 리홍(李红)이라고 하니?
　你叫李红吗?　　Nǐ jiào Lǐ Hóng ma?
　你叫不叫李红?　Nǐ jiào bu jiào Lǐ Hóng?

- 너희들은 장(张)씨니?
　你们姓张吗?　　Nǐmen xìng Zhāng ma?
　你们姓不姓张?　Nǐmen xìng bu xìng Zhāng?

중국인의 성(姓)

중국인의 성(姓)과 관계된 말에 '张王李赵遍地流(刘)! Zhāng Wáng Lǐ Zhào biàndì liú!'라는 말이 있다. 이 말은 '张씨, 王씨, 李씨, 赵씨가 땅 전체에 널려 있다.'라는 뜻이 된다. 글자의 배열이 성조 1·2·3·4성 순서로 되어 있고, 또한 '流'와 '刘'는 같은 발음 'liú'이므로 '刘'씨 또한 많다는 것을 나타내는 재미있는 표현이다.

유비 **刘备** Liú Bèi
관우 **关羽** Guān yú
장비 **张飞** Zhāng Fēi
조운 **赵云** Zhào yún
제갈량 **诸葛亮** Zhūgě Liàng

■ 백가성(百家姓)에 소개된 중국 성씨의 예

단 성						복 성		
赵	Zhào	조	沈	Shěn	심	鲜于	Xiānyú	선우
钱	Qián	전	韩	Hán	한	司马	Sīmǎ	사마
孙	Sūn	손	杨	Yáng	양	上官	Shàngguān	상관
李	Lǐ	이	朱	Zhū	주	夏侯	Xiàhóu	하후
周	Zhōu	주	秦	Qín	진	诸葛	Zhūgě	제갈
吴	Wú	오	尤	Yóu	우	闻人	Wénrén	문인
郑	Zhèng	정	何	Hé	하	东方	Dōngfāng	동방
王	Wáng	왕	吕	Lǚ	려	赫连	Hèlián	혁연
冯	Féng	풍	施	Shī	시	公羊	Gōngyáng	공양
陈	Chén	진	张	Zhāng	장	公冶	Gōngyě	공야
褚	Chǔ	저	孔	Kǒng	공	宗政	Zōngzhèng	종정
卫	Wèi	위	曹	Cáo	조	公孙	Gōngsūn	공손

1. 다음 경성 표기에 유의하여 발음해 보자.

(1) 什么 shénme

(2) 你们 nǐmen

(3) 名字 míngzi

(4) 你呢 nǐ ne

❶
(1) 什么 무엇
(2) 你们 너희들
(3) 名字 이름
(4) 你呢 당신은요?

2. 다음 빈칸에 알맞은 말을 넣으시오.

(1)	您		당신
(2)		guì	귀하다
(3)	姓	xìng	
(4)	叫	jiào	
(5)		shénme	무엇, 무슨
(6)	名字		이름

3. 다음을 중국어로 쓰시오.

❸
(1) …라 부르다 叫
(2) 이름 名字

(1) 나는 이름이 _____라 합니다.

→   ★자신의 이름을 넣어 보세요.

(2) 너는 이름이 무엇이니?

→

해답

1. 중국어에는 짧고 약하며 음색(音色)도 모호해지는 음이 있는데 이것을 '轻声(경성)'이라 한다. 한어병음 방안에서는 경성의 성조 부호를 표기하지 않는 것을 원칙으로 한다.   例 哥哥 gēge 谢谢 xièxie
경성의 높이는 일정한 것이 아니라 앞에 어떤 성조의 음절이 있는가에 따라 결정되는 의존적인 높이이다.
• 1성 뒤에서는 비교적 낮게(2도) 발음   • 2성 뒤에서는 중간 높이(3도)로 발음
• 3성 뒤에서는 비교적 높게(4도) 발음   • 4성 뒤에서는 가장 낮게(1도) 발음
2. (1) nín   (2) 贵   (3) 성이 …이다, 성   (4) 부르다   (5) 什么   (6) míngzi
3. (1) 我叫_____。   (2) 你叫什么名字?

사교장소에서의 감사표현 방식

흔히 사교장소에서 다른 사람이 술을 따라주면 검지와 중지 두 손가락으로 탁자를 두 번 가볍게 두드리는 중국인을 볼 수 있다. 그뿐만 아니라 담배(香烟 xiāngyān)를 피울 때 불을 붙여주는 사람의 손등을 두 손가락으로 가볍게 두 번 두드리는 것을 볼 수 있는데, 이런 행동들은 모두 약식으로 예의를 표하는 감사의 표현방식이다.

이 행동의 유래는 청나라(淸朝 Qiāncháo) 건륭(乾隆 Qiánlóng) 황제로부터 시작되었다고 한다. 건륭 황제는 일반인의 차림으로 백성을 순시하는 것을 즐기는 황제였다. 하루는 건륭 황제가 강남 지역을 순시하고 궁으로 돌아오는 길에 날이 저물어 한 차관에 들러 식사를 하게 되었다. 함께 수행하는 신하들과 차를 마시던 중 황제가 신하에게 차를 따라 주었다. 그 자리에서 황제가 따라 준 차를 받게 된 신하는 황제의 신분이 드러날까 두려워 궁궐에서와 같은 방법으로 무릎을 꿇고 감사를 표할 수는 없었다. 그렇다고 해서 감사를 표하지 않는다면 또한 큰 죄가 되었기 때문에 두 손가락으로 무릎을 꿇은 형상을 만들어 탁자를 가볍게 여러 번 두드리는 것으로써 감사를 표했다고 한다.

▲청나라 건륭황제

이런 감사표현 방식은 중국 전역 널리 퍼져 있지만 특히 남방지역에 가면 많이 볼 수 있다. 그러나 이런 약식 감사표현법은 친구나 허물없는 사람끼리에서는 사용하지 않으며 일반적으로 접대 장소나 약간 거리가 있는 타인에게 행하는 일종의 사교예절이다.

叫
jiào 부르다, 이름이 …이다
[규]

叫　叫　叫　叫
jiào

丨 冂 口 叩 叫

这叫钢笔。　Zhè jiào gāngbǐ.　이것은 만년필이다.

姓
xìng 성, 성이 …이다
[성]

姓　姓　姓　姓
xìng

乚 ㄠ 女 女 姓 姓 姓

姓名　xìngmíng　성명

什
shén 무엇, 무슨
[십]

什　什　什　什
shén

丿 亻 什 什

什么　shénme　무엇, 무슨

么
me 접미사의 하나
[麼 마]

么　么　么　么
me

丿 ㄥ 么

这么　zhème　이렇게, 이만큼

字
zì 글자, 문자
[자]

字　字　字　字
zì

丶 宀 宀 字 字 字

名字　míngzi　이름

也

yě
역시, …도
[야]

也 也 也 也
yě

フ 九 也
我也韩国人。　Wǒ yě Hánguórén. 나도 한국 사람입니다.

怎

zěn
왜, 어째서
[즘]

怎 怎 怎 怎
zěn

ノ 宀 午 乍 乍 怎 怎
怎么　zěnme　왜, 어째서, 어떻게

您

nín 당신
('你'의 존칭)
[이]

您 您 您 您
nín

ノ 亻 亻 忄 你 您 您
您好!　Nín hǎo! 안녕하십니까

贵

guì
귀하다, 비싸다
[貴 귀]

贵 贵 贵 贵
guì

丶 口 中 虫 虫 串 贵
贵国　guì guó　귀국

呢

ne
어기조사
[니]

呢 呢 呢 呢
ne

丶 口 叮 叮 叮 呢 呢
你呢?　Nǐ ne? 당신은요?

Part.03 他是中国人。

그는 중국 사람입니다.

Text 01

1 他 是 中 国 人。
Tā shì Zhōngguórén.

他 是 韩 国 人 吗?
Tā shì Hánguórén ma?

不，他 是 中 国 人。
Bù, tā shì Zhōngguórén.

2 你 是 韩 国 学 生 吗?
Nǐ shì Hánguó xuésheng ma?

是，我 是 韩 国 学 生。
Shì, wǒ shì Hánguó xuésheng.

我 也 是 韩 国 学 生。
Wǒ yě shì Hánguó xuésheng.

해설

1 그는 중국 사람입니다.
그는 한국 사람입니까?
아니요, 그는 중국 사람입니다.

2 당신은 한국 학생입니까?
예, 나는 한국 학생입니다.
나도 한국 학생입니다.

1. 우리는 모두 선생님[교사]입니다.

我们都是老师。　Wǒmen dōu shì lǎoshī.

'都'는 '모두'라는 뜻의 부사이며, 주어와 술어 사이에 위치한다.

你们都好吗?　Nǐmen dōu hǎo ma?
너희들 모두 잘 지내니?

2. 당신을 알게 되어 아주 기쁩니다.

认识你很高兴。　Rènshi nǐ hěn gāoxìng.

처음 만나서 나누는 인사말이다. '만나서 반갑다'라는 뜻으로 서구식의 표현에 가까워 실제 중국 사람끼리는 많이 쓰지 않는다고 한다. 하지만 중국어를 처음 배우는 외국인 사이에는 통용되는 표현이다.

새 단어

他	tā 그	是	shì …이다
人	rén 사람	学生	xuésheng 학생
老师	lǎoshī 선생님	我们	wǒmen 우리

3　타　스　쭝궈　라오스
他 是 中 国 老 师。
Tā shì Zhōngguó lǎoshī.

워　스　한궈　라오스
我 是 韩 国 老 师。
Wǒ shì Hánguó lǎoshī.

워먼　떠우　스　라오스
我 们 都 是 老 师。❶
Wǒmen dōu shì lǎoshī.

· · · · · · · · · · · · · · ·

4　런스　니　헌　까오싱
认 识 你 很 高 兴。❷
Rènshi nǐ hěn gāoxìng.

칭　뚜어　뚜어　즈 지아오
请 多 多 指 教。❸
Qǐng duōduō zhǐjiào.

뚜어　리엔씨　바
多 联 系 吧。❹
Duō liánxì ba.

해설

3　그는 중국 선생님입니다.
　　나는 한국 선생님입니다.
　　우리는 모두 선생님입니다.

4　당신을 알게 되어 아주 기쁩니다.
　　많은 가르침 부탁드립니다.
　　자주 연락합시다.

3. 많은 가르침 부탁드립니다.

请多多指教。　　Qǐng duōduō zhǐjiào.

'请'은 남에게 공손하게 부탁할 때 자주 쓰인다. '多'를 두 번 중첩하여 씀으로 해서 뜻이 강조된다. '앞으로 잘 부탁드립니다.'라는 뜻이다.

4. 자주 연락 합시다.

多联系吧。　　Duō liánxì ba.

'吧'는 청유를 나타내는 조사이다. 문장 끝에 '吧'를 붙이면 '…하자, …합시다'가 된다. '자주 연락합시다.'라는 뜻이다.

새 단어

都 dōu 모두

高兴 gāoxìng 기쁘다

多 duō 많다, 많이

联系 liánxì 연락하다

中国 Zhōngguó 중국

认识 rènshi 알다

请 qǐng 부탁하다

指教 zhǐjiào 가르치다

吧 ba …합시다(청유)

韩国 Hánguó 한국

Dialogue

A : 你是中国人吗?
Nǐ shì Zhōngguórén ma?

B : 是，我是中国人。 你呢?
Shì, wǒ shì Zhōngguórén. Nǐ ne?

A : 我是韩国人，您贵姓?
Wǒ shì Hánguórén, nín guì xìng?

B : 我姓张，叫张力。 我是老师。
Wǒ xìng Zhāng, jiào Zhāng Lì. Wǒ shì lǎoshī.

A : 认识你很高兴，请多多指教。
Rènshi nǐ hěn gāoxìng, qǐng duō duō zhǐjiào.

B : 好，再见。
Hǎo, zàijiàn.

해석 -

A : 당신은 중국 사람입니까?

B : 네, 나는 중국 사람입니다. 당신은요?

A : 나는 한국 사람입니다. 당신의 성은 무엇입니까?

B : 나는 장(张)씨이고, 장력(장리)이라고 합니다. 나는 선생님입니다.

A : 당신을 알게 되어 아주 기쁩니다. 많은 가르침 부탁드립니다.

B : 좋습니다. 안녕히 가세요.

A : 你是中国学生吗?
Nǐ shì Zhōngguó xuésheng ma?

B : 不,我是韩国学生。 你叫什么名字?
Bù, wǒ shì Hánguó xuésheng.　Nǐ jiào shénme míngzi?

A : 我叫王明德,你呢?
Wǒ jiào Wáng Míngdé, nǐ ne?

B : 我叫李英姬。 认识你很高兴。
Wǒ jiào Lǐ Yīngjī.　Rènshi nǐ hěn gāoxìng.

A : 我也认识你很高兴。 我们多联系吧。
Wǒ yě rènshi nǐ hěn gāoxìng.　Wǒmen duō liánxì ba.

B : 好。
Hǎo.

해석

A : 너는 중국 학생이니?

B : 아니야, 나는 한국 학생이야. 너는 이름이 뭐니?

A : 나는 왕명덕(왕밍더)이야. 너는?

B : 나는 이영희(리잉지)야. 너를 알게 돼서 아주 기뻐.

A : 나도 너를 알게 되어 아주 기뻐. 우리 자주 연락하자.

B : 좋아.

✳ '是' – 동 사 술 어 문

동작, 행위, 심리 활동, 상태의 발전이나 변화, 판단, 소유, 존재 따위를 나타내는 말을 동사라 한다. '是' 동사술어문은 '是' 동사의 기본적인 기능이 술어가 된다는 것이다.

1. '是'는 판단 혹은 설명의 작용을 하며 '…이다'의 뜻이다.

- 他是中国人。 Tā shì Zhōngguórén.
  그는 중국인이다.

- 我是韩国人。 Wǒ shì Hánguórén.
  나는 한국인이다.

2. '是'를 사용한 문장의 부정문은 '是' 앞에 '不'를 붙이면 된다.

- 他不是中国人。 Tā bú shì Zhōngguórén.
  그는 중국인이 아니다.

- 我不是韩国人。 Wǒ bú shì Hánguórén.
  나는 한국인이 아니다.

3. '是…吗?' 의문문에 대한 응답으로 '예'라고 하면 '是'이고, '아니요'라고 하면 '不(是)'이다.

- 你是韩国人吗? Nǐ shì Hánguórén ma?
  당신은 한국인입니까?

- 是, 我是韩国人。 Shì, wǒ shì Hánguórén.
  네, 저는 한국인입니다.

- 不(是), 我不是韩国人。 Bù (shì), wǒ bú shì Hánguórén.
  아니요, 저는 한국인이 아닙니다.

나라 이름(国名)

印度 Yìndù
인도

沙特阿拉伯 Shātè Ālābó
사우디 아라비아

埃及 Āijí
이집트

法国 Fǎguó
프랑스

捷克 Jiékè
체코

加拿大 Jiānádà
캐나다

墨西哥 Mòxīgē
멕시코

阿根廷 Āgēntíng
아르헨티나

奥大利亚 Āodàlìyà
오스트레일리아

기타 여러 나라 이름

韩国 Hánguó 한국	中国 Zhōngguó 중국	日本 Rìběn 일본
伊朗 Yīlǎng 이란	伊拉克 Yīlàkè 이라크	新加坡 Xīnjiāpō 싱가포르
泰国 Tàiguó 태국	越南 Yuènán 베트남	马来西亚 Mǎláixīyà 말레이시아
美国 Měiguó 미국	古巴 Gǔbā 쿠바	巴西 Bāxī 브라질
英国 Yīngguó 영국	葡萄牙 Pútáoyá 포르투갈	德国 Déguó 독일
比利时 Bǐlìshí 벨기에	西班牙 Xībānyá 스페인	荷兰 Hélán 네덜란드
意大利 Yìdàlì 이탈리아	波兰 Bōlán 폴란드	芬兰 Fēnlán 핀란드
瑞典 Ruìdiǎn 스웨덴	瑞士 Ruìshì 스위스	希腊 Xīlà 그리스
以色列 Yǐsèliè 이스라엘	喀麦隆 Kāmàilóng 카메룬	塞内加尔 Sàinèijiā'ěr 세네갈

1. 다음을 보기와 같이 바꾸어 보자.

> 你 너 → 你们 너희들

(1) 他 그 : _________ 그들

(2) 我 나 : _________ 우리들

2. 다음 빈칸에 알맞은 말을 넣으시오.

(1)	学生		학생
(2)		lǎoshī	선생님
(3)	都		모두
(4)	高兴	gāoxìng	
(5)		qǐng	부탁하다
(6)	联系	liánxì	

3. 다음을 중국어로 쓰시오.

(1) 많은 가르침 부탁드립니다.

→

(2) 우리는 모두 아주 기쁩니다.

→

3 (1) 가르침　指教
(2) 우리　我们

해답

1. (1) 他们　　　(2) 我们
2. (1) xuésheng　(2) 老师　　(3) dōu　　(4) 기쁘다　　(5) 请　　(6) 연락하다
3. (1) 请多多指教。　　　　　(2) 我们都很高兴。

중국의 국기와 국장

■ 오성홍기(五星红旗 Wǔxīng Hóngqí)

중국 국기는 오성홍기로 1949년 공산당 정부를 탄생시킨 인민정치협상회의에서 결정되었다. 혁명을 상징하는 붉은 바탕에 좌측 상단에 다섯 개의 별이 있는데 이중 가장 큰 별은 중국 공산당을 상징하고, 나머지 네 개의 작은 별은 모택동이 분류한 노동자 · 농민 · 도시소자본계급 · 민족자산계급을 말한다. 결국 다섯 개의 별은 중국 인민의 대단결을 뜻한다.

■ 중국 국장

중국 국장은 다섯 개의 별이 천안문을 비추고 그 주위를 이삭과 톱니바퀴가 감싸고 있는 모양을 한 도안이다. 천안문은 중국의 민족정신을 상징하고 톱니바퀴와 이삭은 노동계급과 농민을 의미한다. 다섯 개의 별은 '중국 공산당 영도 하에 국민이 단결한다.'라는 뜻이다.

별 색깔은 황색, 바탕색은 홍색인데 별의 황색은 중화민족이 황색인종이라는 것을, 바탕의 홍색은 공산당 혁명을 의미한다.

系
xì
맺다, 연결하다
[계]

系
xì
联系 liánxì 연락하다

多
duō
많다, 얼마
[다]

多
duō
多大 duōdà 얼마인가, 얼마나 큰

都
dōu, dū
모두 / 수도
[도]

都
dōu
首都 shǒudū 수도

是
shì
…이다
[시]

是
shì
要是 yàoshi 만약

他
tā
그, 그사람
[타]

他
tā
他人 tārén 타인, 남, 다른 사람

03. 그는 중국 사람입니다.

兴
xìng
흥, 흥미
[興 흥]

兴 兴 兴 兴
xìng

丶 丷 ⺌ 兴 兴
高兴 gāoxìng 좋아하다, 기뻐하다

吧
ba
…합시다(청유)
[파]

吧 吧 吧 吧
ba

丨 ㄇ ㅁ 吖 吗 吧 吧
走吧。 zǒu ba. 갑시다.

学
xué
배우다
[學 학]

学 学 学 学
xué

丶 丷 ⺌ 兴 学 学 学
学习 xuéxí 배우다, 공부하다, 학습하다

请
qǐng
부탁하다
[請 청]

请 请 请 请
qǐng

丶 讠 订 请 请 请 请
请求 qǐngqiú 바라다, 요청하다

师
shī
스승, 선생
[師 사]

师 师 师 师
shī

丿 刂 师 师 师 师
老师 lǎoshī 선생님, 교사

这位是我爸爸。

이분은 저의 아버지입니다.

Text 01

1 这位是我爸爸。❶
Zhè wèi shì wǒ bàba.

爸爸是老师。
Bàba shì lǎoshī.

他在学校。❷
Tā zài xuéxiào.

· · · · · · · · · · · · · · · · · · ·

2 那位是我妈妈。❸
Nà wèi shì wǒ māma.

妈妈是大夫。
Māma shì dàifu.

她在医院。
Tā zài yīyuàn.

해설

1 이분은 저의 아버지입니다.
아버지는 선생님입니다.
아버지[그]는 학교에 계십니다.

2 그분은 저의 어머니입니다.
어머니는 의사입니다.
어머니[그녀]는 병원에 계십니다.

1. 이분은 저의 아버지입니다.

这位是我爸爸。　　Zhè wèi shì wǒ bàba.

'这'는 지시사로 가까운 사물 또는 사람을 가리킨다. '这是…'는 '이 사람[것]은 …입니다'의 뜻으로 소개할 때 주로 사용한다.

2. 그(아버지)는 학교에 있습니다.

他在学校。　　Tā zài xuéxiào.

'在'는 '있다'라는 동사로 사용되었고, 장소를 나타내는 말은 '在'의 뒤에 쓴다. '在'가 '…에서'의 전치사로 쓰일 때는 '在+장소+동사'의 구조로 '…에서 ~하다'를 나타낸다.

他在学校教。　Tā zài xuéxiào jiāo.
그는 학교에서 가르칩니다.

3. 그분은 저의 어머니입니다.

那位是我妈妈。　　Nà wèi shì wǒ māma.

'那'는 '저것, 저 사람'도 되지만 '그것, 그 사람'도 가리킨다.

새 단어

这 zhè 이것, 이 사람, 이분	位 wèi 분, 명 (사람을 세는 양사)
爸爸 bàba 아버지	在 zài 있다, …에서
学校 xuéxiào 학교	她 tā 그녀
那 nà 그것, 그 사람, 그분, 저것, 저 사람, 저분	妈妈 māma 어머니
大夫 dàifu 의사	医院 yīyuàn 병원

3 我 有 哥 哥。
Wǒ yǒu gēge.

我 还 有 姐 姐。❹
Wǒ háiyǒu jiějie.

哥哥 和 姐姐 都 是 大 学 生。❺
Gēge hé jiějie dōu shì dàxuésheng.

· · · · · · · · · · · · · · · · · · ·

4 他 有 弟 弟。
Tā yǒu dìdi.

他 还 有 妹 妹。
Tā háiyǒu mèimei.

弟弟 和 妹妹 都 是 小 学 生。❻
Dìdi hé mèimei dōu shì xiǎoxuésheng.

해설

3 나는 오빠[형]가 있습니다.
나는 또한 언니[누나]도 있습니다.
오빠[형]와 언니[누나]는 모두 대학생입니다.

4 그는 남동생이 있습니다.
그는 또한 여동생도 있습니다.
남동생과 여동생은 모두 초등학생입니다.

4. 나는 또한 언니도 있습니다.

我还有姐姐。　Wǒ háiyǒu jiějie.

'还'는 '또한'의 의미로 쓰인 부사이다. '有'는 소유하는 뜻의 '있다'의 의미이다. '有'를 부정하면 '不有'가 아니라 '没有 méi yǒu'를 쓴다는 데 유의해야 한다.

5. 오빠와 언니는 모두 대학생입니다.

哥哥和姐姐都是大学生。　Gēge hé jiějie dōu shì dàxuésheng.

'和'는 병렬관계를 나타내며, 둘 이상을 나열할 때는 마지막 것의 앞에 쓴다.

我有爸爸、妈妈、哥哥和姐姐。
Wǒ yǒu bàba, māma, gēge hé jiějie.
나는 아버지, 어머니, 형과 누나가 있습니다.

6. 남동생과 여동생은 모두 초등학생입니다.

弟弟和妹妹都是小学生。　Dìdi hé mèimei dōu shì xiǎoxuésheng.

'小学生'은 '소학교 학생'으로 우리의 초등학생과 같다. 중국의 학제는 [小学 - 中学 - 大学]가 기본 형태이며, '中学'는 초급(初级)과 중급(高级)으로 나뉘어 '初中 chūzhōng', '高中 gāozhōng'으로 불린다. 이때, '初中'은 우리나라의 중학교에, '高中'은 고등학교에 해당한다.

새 단어

有	yǒu 가지고 있다	哥哥	gēge 형, 오빠
还	hái 또한, 아직, 여전히	姐姐	jiějie 누나, 언니
和	hé …와, …과	大学生	dàxuésheng 대학생
弟弟	dìdi 남동생	妹妹	mèimei 여동생
小学生	xiǎoxuésheng 초등학생 (소학교 학생)		

Dialogue

A : 你爸爸是做什么工作的？
Nǐ bàba shì zuò shénme gōngzuò de?

B : 我爸爸是老师，他在学校。
Wǒ bàba shì lǎoshī, tā zài xuéxiào.

A : 你妈妈呢？
Nǐ māma ne?

B : 我妈妈是大夫，她在医院。
Wǒ māma shì dàifu, tā zài yīyuàn.

A : 你有哥哥吗？
Nǐ yǒu gēge ma?

B : 有，我还有姐姐。
Yǒu, wǒ háiyǒu jiějie.

해석

A : 너희 아버지는 어떤 일을 하시니?
B : 우리 아버지는 선생님이고, 학교에 계셔.
A : 너희 어머니는?
B : 우리 어머니는 의사이고, 병원에 계셔.
A : 너는 오빠[형]가 있니?
B : 있어, 나는 또 언니[누나]도 있어.

A : 你是高中学生吗?
Nǐ shì gāozhōng xuésheng ma?

B : 不, 我是大学生。
Bù, wǒ shì dàxuésheng.

A : 你有姐姐吗?
Nǐ yǒu jiějie ma?

B : 我没有姐姐, 我有妹妹。
Wǒ méiyou jiějie, wǒ yǒu mèimei.

A : 弟弟呢?
Dìdi ne?

B : 我有弟弟。 妹妹和弟弟都是初中学生。
Wǒ yǒu dìdi.　　Mèimei hé dìdi dōu shì chūzhōng xuésheng.

해석

A : 너는 고등학생이니?
B : 아니, 나는 대학생이야.
A : 너는 누나[언니]가 있니?
B : 나는 누나[언니]가 없어, 나는 여동생이 있어.
A : 남동생은?
B : 나는 남동생이 있어. 여동생과 남동생은 모두 중학생이야.

point
문법포인트

존재를 나타내는 '在'와 '有'의 비교

1. 在 : …가 ~에 있다

[존재하는 사람 · 사물 + 在 + 장소]

- 他在学校。 Tā zài xuéxiào.
  그는 학교에 있다.
- 妹妹在医院。 Mèimei zài yīyuàn.
  여동생은 병원에 있다.

2. 有 : …에 ~가 있다

[장소 + 有 + 존재하는 사람 · 사물]

- 学校有很多学生。 Xuéxiào yǒu hěn duō xuésheng.
  학교에 아주 많은 학생이 있다.
- 图书馆有很多书。 Túshūguǎn yǒu hěn duō shū.
  도서관에 책이 많이 있다.

이 두 문장의 특징을 비교하면 주어의 자리에 존재하는 것이 오느냐, 장소를 나타내는 말이 오느냐에 따라 '在'를 쓸지 '有'를 쓸지가 결정된다.

가족의 호칭

기타 가족 · 친척의 호칭

伯父	bófù	큰아버지	伯母	bómǔ	큰어머니
叔叔	shūshu	작은아버지, 숙부	婶婶	shēnshen	작은어머니, 숙모
姑夫	gūfu	고모부	姑姑	gūgu	고모
姨夫	yífu	이모부	姨(妈)	yí(mā)	이모
舅舅	jiùjiu	외삼촌	舅母	jiùmǔ	외숙모
堂哥	tánggē	사촌형[오빠]	堂姐	tángjiě	사촌언니[누나]
表哥	biǎogē	외사촌형[오빠]	表姐	biǎojiě	외사촌언니[누나]
侄子	zhízi	조카(남)	侄女	zhínǔ	조카(녀)
公公	gōnggong	시아버지	婆婆	pópo	시어머니
岳父	yuèfù	장인	岳母	yuèmǔ	장모
女婿	nǔxù	사위	媳妇	xífù	며느리

1. 다음을 부정문으로 고치시오.

(1) 这位是我爸爸。　→

(2) 我有哥哥。　→

1　(1) 是 – 不是
　(2) 有 – 没有

2. 다음 빈칸에 알맞은 말을 넣으시오.

(1)	学校		학교
(2)	大夫		의사
(3)		yīyuàn	병원
(4)	有	yǒu	
(5)	还	hái	
(6)		hé	…와

3. 다음을 중국어로 쓰시오.

(1) 이분은 저의 어머니입니다.

→

(2) 의사는 병원에 있습니다.

→

3　(1) 어머니　妈妈
　(2) 병원　医院

해답

1. (1) 这位不是我爸爸。　(2) 我没有哥哥。
2. (1) xuéxiào　(2) dàifu　(3) 医院　(4) 있다　(5) 또　(6) 和
3. (1) 这位是我的妈妈。　(2) 大夫在医院。

70

경극(京劇)

중국의 대표적인 전통 연극으로 북경(北京)에서 발전하였다 하여 경극(京劇 jīngjù)이라고 하며, 서피(西皮)·이황(二黃) 2가지의 곡조를 기초로 하므로 피황희(皮黃戲)라고도 한다. 14세기부터 성행했던 중국 전통 가극인 곤곡(崑曲)의 요소가 가미되어 만들어졌다.

다른 많은 전통극종과 마찬가지로 노래·대사·동작·액션 등으로 구성되는 형식연극으로, 노래가 중시되고 무용에 가까운 동작은 격렬하면서도 아름답다. 호궁과 징·북을 중심으로 한 반주의 선율과 리듬이 극의 기조를 이룬다.

현존하는 1,000여 종의 각본은 대부분이 작자미상이다. 대개는 역사 소설과 전설에서 소재를 따거나 원곡과 전기(傳奇)를 개작한 것으로, 《수호전》, 《삼국지연의》 등의 부분 각색이 적지 않다. 대표작으로 《팔선과해(八仙過海)》, 《손오공(孫悟空)》, 《백사전(白蛇傳)》, 《패왕별희(覇王別姬)》, 《귀비취주(貴妃醉酒)》 등이 있다.

모두 1시간 내외의 짧은 연극으로 연출과 연기 모두 지극히 서사적인 표현양식을 쓰고, 장치도 없이 상징적인 연기형식에 의하여 상황이나 행동을 나타낸다. 의상은 명(明)나라 때의 복장을 기초로 한 초시대적인 전통극 고유의 것이며, 색과 무늬에 따라 인물의 신분과 직업 등을 알 수 있다. 배역은 크게 생(生 : 주역), 단(旦 : 여자역), 정(淨 : 호걸·악한), 축(丑 : 광대), 말(末 : 단역)으로 나뉘고, 각기 문무(文武)의 2계통 이외에 다시 세분화된다. 정과 축은 배우의 얼굴에 물감으로 선을 그리는데, 유명한 인물의 선을 그리는 형식은 정해져 있다. 노래·대사·춤·액션 등 어느 것에 중점을 둘 것인가 하는 문제는 배역에 따라 결정되며, 배우는 어릴 때부터 소질에 따라 전문적 배역을 익힌다. 이를 위한 양성소를 '과반(科班)'이라 하며 메이란팡 등이 연기를 익힌 부연성(富連成) 등이 유명하다.

▲경극의 얼굴 채색 (京劇脸谱)

校
xiào
학교
[교]

校 校 校 校
xiào
一 十 木 *栌 *栌 *栌 校 校
学校 xuéxiào 학교

这
zhè
이, 이것
[這 저]

这 这 这 这
zhè
丶 亠 文 文 这 这
这个 zhège 이것

那
nà
그, 그것
[나]

那 那 那 那
nà
フ ヲ ヨ 月 那 那
那个 nàge 그것

位
wèi
분, 명
[위]

位 位 位 位
wèi
丿 亻 个 竹 位 位 位
这位 zhè wèi 이분

有
yǒu 있다,
가지고 있다
[유]

有 有 有 有
yǒu
丿 厂 冇 有 有 有
有名 yǒumíng 유명하다

04. 이분은 저의 아버지입니다.

在
zài
있다, …에서
[재]

在 在 在 在
zài

一 ナ オ 右 右 在
不在　bú zài　없다

和
hé
…와, …과
[화]

和 和 和 和
hé

二 千 禾 禾 禾 和 和
你和我　nǐ hé wǒ　너와 나

还
hái 또한,
아직, 여전히
[還 환]

还 还 还 还
hái

一 丁 イ 不 不 还 还
还是　háishì　여전히

爸
bà
아빠, 아버지
[파]

爸 爸 爸 爸
bà

八 グ 父 父 谷 爸 爸
爸爸　bàba　아빠, 아버지

妈
mā
엄마, 어머니
[媽 마]

妈 妈 妈 妈
mā

く 女 女 妈 妈 妈
妈妈　māma　엄마, 어머니

你家有几口人?

당신 집에는 식구가 몇입니까?

Text ○1

1
你 家 有 几 口 人?❶
Nǐ jiā yǒu jǐ kǒu rén?

我 家 有 五 口 人。
Wǒ jiā yǒu wǔ kǒu rén.

我 有 一 个 哥 哥 和 一 个 姐 姐。❷
Wǒ yǒu yí ge gēge hé yí ge jiějie.

. . . .

2
你 在 哪 儿 工 作?❸
Nǐ zài nǎr gōngzuò?

你 做 什 么 工 作?❸
Nǐ zuò shénme gōngzuò?

他 在 公 司 工 作。
Tā zài gōngsī gōngzuò.

해설

1 당신 집에는 식구가 몇입니까?
우리 집에는 식구가 다섯입니다.
나는 오빠[형] 한 명과 언니[누나] 한 명이 있습니다.

2 당신은 어디에서 일합니까?
당신은 무슨 일을 합니까?
그는 회사에서 일합니다.

1. 식구가 몇입니까?

有几口人？ Yǒu jǐ kǒu rén?

식구 수를 묻는 표현이다. '几'는 일반적으로 10 이하의 숫자를 물을 때 사용하는 의문사이다. '口'는 식구를 세는 단위가 되는데 품사는 양사이다. 중국어는 각 명사를 셀 때 어울리는 양사가 정해져 있다. 양사가 다양하게 발달해 있는 것이 중국어의 특징이다.

2. 오빠 한 명과 언니 한 명이 있습니다.

一个哥哥和一个姐姐。 Yí ge gēge hé yí ge jiějie.

'哥哥'나 '姐姐'와 같은 사람을 세는 양사로 '个'를 쓴다. '오빠 한 명'이라고 할 때 취하는 어순은 '수사+양사+명사'의 형식이다. '중국 사람 10명'이라고 할 때 '十个中国人'이라고 하면 된다.

3. 당신은 어디에서 일합니까? / 당신은 무슨 일을 합니까?

你在哪儿工作？/ 你做什么工作？

Nǐ zài nǎr gōngzuò? / Nǐ zuò shénme gōngzuò?

둘 다 직업을 묻는 표현이다. '在哪儿工作'에서 '在'는 전치사로 '…에서'이고, '哪儿'는 장소를 묻는 의문사이다. '工作'가 동사로서 '일하다'의 뜻으로 쓰였다.

'做什么工作'에서 '做工作'는 '일을 하다'로 '工作'가 명사로 쓰였다. '什么工作'는 '무슨 일'로, '什么'가 '工作'를 수식하며 '什么名字(무슨 이름)'와 같은 구조이다.

새 단어

家 jiā 집, 가정	几 jǐ 몇
口 kǒu 식구를 세는 단위, …명(사람)	个 gè 사람을 세는 단위, …명(사람)
哪 nǎ 어느, 어떤	哪儿 nǎr 어느 곳, 어디
工作 gōngzuò 일, 일하다	做 zuò 하다
公司 gōngsī 회사	

Text 02

3 메이 메이　지　쒜이　러
妹 妹 几 岁 了? ❹

Mèimei jǐ suì le?

니　　찐 니엔　　뚜어 따　　러
你 今 年 多 大 了?

Nǐ jīnnián duōdà le?

니　　빠 바　　뚜어 따　　니엔 지　러
你 爸 爸 多 大 年 纪 了?

Nǐ bàba duōdà niánjì le?

· · · · · · · · · · · · · · · · · ·

4 니　　지에 훈　　러　　마
你 结 婚 了 吗?

Nǐ jiéhūn le ma?

워　　이 징　　지에 훈　　러
我 已 经 结 婚 了。 ❺

Wǒ yǐjing jiéhūn le.

워　하이　메이　지에 훈
我 还 没 结 婚。

Wǒ hái méi jiéhūn.

 해설

3 여동생은 몇 살입니까?
당신은 올해 나이가 몇입니까?
당신 아버지는 연세가 어떻게 되십니까?

4 당신은 결혼했습니까?
나는 이미 결혼했습니다.
나는 아직 결혼 안 했습니다.

4. 몇 살입니까? / 나이가 몇입니까? / 연세가 어떻게 되십니까?

几岁了? / 多大了? / 多大年纪了? jǐ suì le? / duōdà le? / duōdà niánjì le?

모두 나이를 묻는 표현이다. 차이점은 어린아이나 손아랫사람에게 말할 때는 '几岁了'가 적당하고, 동년배나 젊은이에게는 '多大了'라고 한다. '多'는 의문사로 '얼마'의 뜻이고, 즉 '얼마나 큰가(얼마의 나이를 먹었는가)'로 나이를 묻는 말이다. 연장자에게는 '연세'라는 뜻의 '年纪'를 함께 말한다. 문장 끝에 쓰인 '了'는 현재 상태에서 '…되다'라는 의미의 어기조사이다.

5. 결혼했습니다. / 결혼 안 했습니다.

结婚了 / 没结婚 jiéhūn le / méi jiéhūn

'结婚了'는 동사의 뒤에 '了'를 써서 완료태를 표시하여 '결혼했다'의 의미다. 완료태의 부정은 '没'나 '没有'를 동사의 앞에 쓰고, 뒤에 '了'를 빼면 된다. '了'는 어기(변화)를 나타내거나 태(완료)를 표시하는 두 가지 기능이 있는데, 어기를 나타낼 때는 문장의 맨 끝에 놓으며, 태를 나타낼 때는 동사의 뒤 혹은 문장의 맨 끝에 놓이는데 문맥을 통해서 알 수가 있다.

새 단어

岁 suì 나이		了 le 변화나 완료를 나타내는 조사	
今年 jīnnián 올해		多大 duōdà (나이가) 얼마인가, 얼마의	
年纪 niánjì 나이, 연세		结婚 jiéhūn 결혼하다	
已经 yǐjing 이미		没 méi …않다 (완료의 부정)	

Dialogue 会话

A : 你家有几口人？
Nǐ jiā yǒu jǐ kǒu rén?

B : 我家有五口人。
Wǒ jiā yǒu wǔ kǒu rén.

A : 都有什么人？
Dōu yǒu shénme rén?

B : 爸爸、妈妈、哥哥、姐姐和我。
Bàba、māma、gēge、jiějie hé wǒ.

A : 你今年多大了？
Nǐ jīnnián duōdà le?

B : 我二十二岁了。
Wǒ èrshí'èr suì le.

해석

A : 너희 집에 식구가 몇이 있니?
B : 우리 집 식구는 다섯이야.
A : 모두 누구누구야?
B : 아버지, 어머니, 형, 누나 그리고 나야.
A : 너는 올해 몇 살이니?
B : 나는 22살이야.

니 짜이 나리 꽁 쭈어
A : 你在哪里工作?
Nǐ zài nǎli gōngzuò?

워 짜이 쉬에 샤오 꽁 쭈어
B : 我在学校工作。
Wǒ zài xuéxiào gōngzuò.

니 스 라오스 마
A : 你是老师吗?
Nǐ shì lǎoshī ma?

스 니 쭈어 선 머 꽁 쭈어
B : 是, 你做什么工作?
Shì, nǐ zuò shénme gōngzuò?

워 스 따이 푸　　　니 지에훈 러 마
A : 我是大夫。　你结婚了吗?
Wǒ shì dàifu.　Nǐ jiéhūn le ma?

워 하이 메이 지에 훈
B : 我还没结婚。
Wǒ hái méi jiéhūn.

A : 당신은 어디에서 일합니까?
B : 나는 학교에서 일합니다.
A : 당신은 선생님입니까?
B : 네, 당신은 무슨 일을 합니까?
A : 나는 의사입니다. 당신은 결혼했습니까?
B : 나는 아직 결혼하지 않았습니다.

✽ 여러 가지 의문사

의문사가 있는 의문문에서 의문사의 위치는 평서문의 어순에서와 같다. 즉, 의문사가 주어이면 주어 자리에, 수식하는 말이면 수식받는 말의 앞에, 목적어이면 동사의 뒤에 위치한다.

1. **什么** shénme : 무엇, 무슨

   - 你叫**什么**名字? Nǐ jiào shénme míngzi?
     당신 이름은 무엇입니까?

   - 你做**什么**工作? Nǐ zuò shénme gōngzuò?
     당신은 무슨 일을 합니까?

2. **哪** nǎ : 어느, 어떤

   - 你在**哪**儿工作? Nǐ zài nǎr gōngzuò?
     당신은 어느 곳에서 일합니까?

   - 你是**哪**国人? Nǐ shì nǎ guó rén?
     당신은 어느 나라 사람입니까?

3. **几** jǐ : 몇

   - 你家有**几**口人? Nǐ jiā yǒu jǐ kǒu rén?
     당신 집에 식구가 몇입니까?

   - 你弟弟**几**岁了? Nǐ dìdi jǐ suì le?
     네 남동생은 몇 살이니?

4. **多** duō : 얼마나…

   - 你今年**多**大了? Nǐ jīnnián duōdà le?
     당신 올해 나이가 얼마입니까?

직업의 종류

직업의 종류

音乐家	yīnyuèjiā	음악가	画家	huàjiā	화가
公务员	gōngwùyuán	공무원	银行职工	yínháng zhígōng	은행원
护士	hùshi	간호사	飞行员	fēixíngyuán	비행사
空中小姐	kōngzhōng xiǎojie	스튜어디스	商人	shāngrén	상인
售货员	shòuhuòyuán	판매원	渔夫	yúfū	어부
教授	jiàoshòu	교수	校长	xiàozhǎng	교장
讲师	jiǎngshī	강사	教师/老师	jiàoshī / lǎoshī	교사, 선생님
学生	xuésheng	학생	学者	xuézhě	학자
律师	lǜshī	변호사	秘书	mìshū	비서
演员	yǎnyuán	배우	记者	jìzhě	기자

1. 다음 빈칸에 필요한 것을 고르시오.

什么　几　哪儿　多大

(1) 妹妹 ＿＿＿ 岁了?

(2) 你在 ＿＿＿ 工作?

(3) 你今年 ＿＿ 了?

(4) 你做 ＿＿＿ 工作?

1
什么 shénme 무엇
几 jǐ 몇
哪儿 nǎr 어느, 어떤
多大 duōdà (나이가) 얼마인가

2. 다음 빈칸에 알맞은 말을 넣으시오.

(1)		kǒu	식구를 세는 단위
(2)	工作		일, 일하다
(3)	公司	gōngsī	
(4)	岁		…살, 세
(5)		yǐjing	이미
(6)	今年	jīnnián	

3. 다음을 중국어로 쓰시오.

(1) 당신 아버지는 연세가 몇이십니까?

→

(2) 나는 아직 결혼하지 않았습니다.

→

3
(1) 연세　年纪
(2) 결혼　结婚

해답

1. (1) 几　(2) 哪儿　(3) 多大　(4) 什么
2. (1) 口　(2) gōngzuò　(3) 회사　(4) suì　(5) 已经　(6) 올해, 금년
3. (1) 你爸爸多大年纪了?　(2) 我还没结婚.

중국
엿보기

중국의 인구와 민족

중국의 인구는 약 13억 이상이다. 전세계 인구의 20%에 육박하는 수이다. 연평균 인구 성장률이 약 0.6%이니 한해 700만 명 정도가 늘어나는 셈이다. 중국은 폭발적인 인구 증가를 막기 위해 한 자녀 갖기의 산아제한 정책을 펴고 있다. (소수민족은 제외)

첫아이가 장애인인 경우를 제외하고는 둘째아이 출산을 허용하지 않고, 출산했을 경우 연봉의 10배 이상에 달하는 벌금을 물리는 등 엄격한 정책을 시행하고 있다. 이런 정책의 효과로 중국의 인구성장률은 도시를 중심으로 해마다 급속하게 줄고 있다. 90년대 1.7% 정도였던 인구성장률이 2000년대 들어 1% 이하로 낮아졌다. 그러나 인구의 상당수를 차지하는 농민의 경우, 일손이 많을수록 수입이 높아지므로 아이를 낳고도 관청에 신고하지 않고 호적없는 아이(黑孩子 hēi háizi)로 만드는 경우가 많아 실제 인구는 통계자료를 훨씬 넘어설 것으로 본다. 또한 일부 부유층을 중심으로 불이익에도 불구하고 다자녀를 낳는 경우가 늘고 있어 사회적으로 문제가 되고 있다.

민족 구성은 인구의 약 94%가 한족(汉族 Hànzú)이고 나머지 6%에 장족(壮族 Zhuàngzú)·몽고족(蒙古族 Měnggǔzú)·회족(回族 Huízú)·묘족(苗族 Miáozú) 등 55개 민족이 포함되어 있다. 소수민족은 중국의 민족 정책에 따라 고유의 언어와 문자를 사용하는 등 문화와 풍습을 보존하며 생활한다. 소수민족들은 자치구를 이루고는 있지만, 한족의 폭발적 증가와 대량 이주 정책으로 어느 소수민족 지역에도 한족이 거주하여 동화되고 있는 실정이다. 그래서 고유의 생활을 지키는 민족은 많지 않다. 실제로 만족(满族 Mǎnzú)처럼 언어와 문자를 잊고 한족에 거의 동화된 민족도 있다.

◀중국의 여러 민족들

家
jiā
집, 가정
[가]

家 家 家 家
jiā

宀宀宀宀宀家家家
家庭 jiātíng 집, 가정

年
nián
해, 년
[년]

年 年 年 年
nián

ノ ヒ ヒ ヒ 乍 年
今年 jīnnián 올해, 금년

几
jǐ
몇
[幾 기]

几 几 几 几
jǐ

ノ 几
几个 jǐ ge 몇 개

口
kǒu
…식구(사람)
[구]

口 口 口 口
kǒu

丨 冂 口
人口 rénkǒu 인구

个
gè
개, 명(양사)
[個 개]

个 个 个 个
gè

ノ 人 个
个人 gèrén 개인

84

做
zuò
…을 하다
[주]

做 做 做 做
zuò

亻 亻 亻 伫 做 做 做
做饭　zuòfàn　밥하다

作
zuò
하다, 실행하다
[작]

作 作 作 作
zuò

丿 亻 亻 仁 作 作 作
工作　gōngzuò　일, 일하다

哪
nǎ
어느, 어떤
[나]

哪 哪 哪 哪
nǎ

口 叮 叨 叨 哪 哪 哪
哪儿　nǎr　어디, 어느 곳

岁
suì
나이
[歲 세]

岁 岁 岁 岁
suì

丿 屵 屵 岁 岁 岁
岁数　suìshu　나이, 연령

已
yǐ
이미
[이]

已 已 已 已
yǐ

乛 コ 已
已经　yǐjing　이미, 벌써

现在几点了?

지금 몇 시입니까?

Text 01

시엔 짜이 지 디엔 러
1 现在几点了? ❶

Xiànzài jǐ diǎn le?

시엔 짜이 스 량 디엔 빤
现在是两点半

Xiànzài shì liǎng diǎn bàn.

니 지 디엔 치 추앙
你几点起床? ❷

Nǐ jǐ diǎn qǐchuáng?

· · · · · · · · · · · · · · · · ·

찐 티엔 지 하오
2 今天几号? ❸

Jīntiān jǐ hào?

니 더 셩르 스 지 위에 지 하오
你的生日是几月几号? ❹

Nǐ de shēngrì shì jǐ yuè jǐ hào?

워 스얼 위에 싼스 하오 지에훈
我十二月三十号结婚。

Wǒ shí'èr yuè sānshí hào jiéhūn.

해설

1 지금 몇 시입니까?
지금은 2시 반입니다.
당신은 몇 시에 일어납니까?

2 오늘은 며칠입니까?
당신의 생일은 몇 월 며칠입니까?
나는 12월 30일에 결혼합니다.

1. 지금 몇 시입니까?

现在**几点**了？ Xiànzài jǐ diǎn le?

'몇 시'인지를 물을 때, 구어에서는 '几点'을 쓴다. 분과 초는 '分 fēn', '秒 miǎo'를 넣어 말하면 된다. 가령 '1시 25분 8초'는 '一点二十五分八秒'이다. '2시'는 '二点'이 아니라, '两点'이라고 해야 한다. 30분은 '三十分', 또는 '半'으로, 15분은 '十五分' 또는 '一刻 yīkè'라고 하면 된다.

2. 당신은 몇 시에 일어납니까?

你**几点**起床？ Nǐ jǐ diǎn qǐchuáng?

중국어에서 시간을 나타내는 말이 들어갈 위치는 주어의 앞 또는 뒤이다. 이것은 영어의 어순과 다른 부분인데, 영어에서는 일반적으로 시간 부사어가 동사의 뒤에 위치하지만 중국어의 경우는 시간을 나타내는 말이 동사의 앞쪽에 위치한다는 사실에 유의해야 한다.

你几点起床?(○)　　　几点你起床?(○)
你起床几点?(×)

3. 오늘은 며칠입니까?

今天**几号**？ Jīntiān jǐ hào?

날짜를 물을 때, 구어에서는 '几号'를 쓴다. '日'은 문서상에서 사용된다. '今天几号?'는 '今天是几号?'에서 '是'를 생략하였고, '你生日是几月几号?'에서는 '是'가 사용되었다. 일반적으로 날짜·요일·시간 등을 표시하는 간단한 문장에서 '是'가 생략되는데, 이 경우 주어가 대체로 간단하다.

새 단어

现在 xiànzài 현재, 지금	点 diǎn 시
半 bàn 절반, 30분	起床 qǐchuáng 일어나다
今天 jīntiān 오늘	的 de …의
生日 shēngrì 생일	

3 今天星期几？❺

찐 티엔　씽치　지

Jīntiān xīngqī jǐ?

今天是星期六。

찐 티엔　스　씽치　리우

Jīntiān shì xīngqīliù.

明天是星期天。

밍 티엔　스　씽치　티엔

Míngtiān shì xīngqītiān.

· · · · · · · · · · · · · · · · · · · ·

4 今年是哪一年？

찐 니엔　스　나　이　니엔

Jīnnián shì nǎ yì nián?

今年是二〇〇九年。❻

찐 니엔　스　얼　링　링　지우 니엔

Jīnnián shì èr líng líng jiǔ nián.

你什么时候去中国？

니　션머　스허우　취　쭝궈

Nǐ shénme shíhou qù Zhōngguó?

해설

3 오늘은 무슨 요일입니까?
오늘은 토요일입니다.
내일은 일요일입니다.

4 올해는 몇 년입니까?
올해는 2009년입니다.
당신은 언제 중국에 갑니까?

4. 당신의 생일은 몇 월 며칠입니까?

你的生日是几月几号? Nǐ de shēngrì shì jǐ yuè jǐ hào?

'你的生日'의 '的'는 소유격으로 '…의'로 해석된다.

5. 오늘은 무슨 요일입니까?

今天星期几? Jīntiān xīngqī jǐ?

요일을 물을 때는 '무슨 요일'이라고 해서 '什么星期'가 아니고, '星期几'라고 한다. 왜냐하면 중국어에서는 요일을 숫자로 나타내기 때문이다. 월요일은 첫째 날이라서 '星期一'이고, 화요일부터 토요일까지는 '星期二 … 星期六'이 된다. 다만 일요일은 '星期七'이 아니라 '星期天' 또는 '星期日'이라고 한다. 이때 '星期'는 '礼拜 lǐbài'로 바꿔 쓸 수도 있다.

월요일	星期一 / 礼拜一	화요일	星期二 / 礼拜二
수요일	星期三 / 礼拜三	목요일	星期四 / 礼拜四
금요일	星期五 / 礼拜五	토요일	星期六 / 礼拜六
일요일	星期天(日) / 礼拜天(日)		

6. 올해는 2009년입니다.

今年是二〇〇九年。 Jīnnián shì èr líng líng jiǔ nián.

연도를 말할 때는 우리말과 말하는 법이 다르다. 즉, 단위를 붙이지 않고, 낱개의 숫자를 말하면 된다. '〇 líng'은 '零'으로 쓰기도 한다.

1998년	一九九八年	yī-jiǔ-jiǔ-bā-nián
1999년	一九九九年	yī-jiǔ-jiǔ-jiǔ-nián
2000년	二〇〇〇年 = 二零零零年	èr-líng-líng-líng-nián

새 단어

星期	xīngqī	주, 요일을 나타냄	明天	míngtiān 내일
今年	jīnnián	올해	时候	shíhou 때
什么时候	shénme shíhou	언제	去	qù 가다

A : 你去哪儿？
Nǐ qù nǎr?

B : 我去学校。 现在几点了？
Wǒ qù xuéxiào. Xiànzài jǐ diǎn le?

A : 现在是八点。
Xiànzài shì bā diǎn.

B : 你今天几点起床了？
Nǐ jīntiān jǐ diǎn qǐchuáng le?

A : 我六点半起床。 今天几号？ 星期几？
Wǒ liù diǎn bàn qǐchuáng. Jīntiān jǐ hào? Xīngqī jǐ?

B : 今天是三月五号。　星期五吧。
Jīntiān shì sān yuè wǔ hào.　Xīngqīwǔ ba.

A : 不，今天不是星期五，今天星期六。
Bù, jīntiān búshì xīngqīwǔ, jīntiān xīngqīliù.

B : 是，明天是哥哥的生日。他的生日是星期天。
Shì, míngtiān shì gēge de shēngrì.　Tā de shēngrì shì xīngqītiān.

A : 你哥哥什么时候结婚?
Nǐ gēge shénme shíhou jiéhūn?

B : 他今年十月结婚。
Tā jīnnián shí yuè jiéhūn.

해석

A : 너는 어디 가니?

B : 나는 학교에 가. 지금 몇 시야?

A : 지금은 8시야.

B : 너 오늘 몇 시에 일어났니?

A : 나는 6시 반에 일어났어. 오늘이 며칠, 무슨 요일이지?

B : 오늘은 3월 5일이고, 금요일일 거야.

A : 아니야, 오늘은 금요일이 아니야. 오늘은 토요일이야.

B : 그래, 내일이 오빠[형] 생일이고, 오빠 생일은 일요일이야.

A : 너희 오빠는 언제 결혼하니?

B : 오빠는 올해 10월에 결혼해.

보충단어

吧 ba　…인 것 같다 (추측을 표시)

91

✳ '的'의 용법

'的'는 조사로서 중심어를 수식하는 한정어의 뒤에 쓰여 '…의, …할[하는]'으로 해석된다.

한정어 + 的 + 중심어
수식하는 말   수식받는 말

또, 뒤에 중심어 없이 '…것'의 뜻이 되어 한정어를 체언화하는 기능이 있다.

1. 명사 · 대명사+的+중심어

- 妈妈的生日 māma de shēngrì
  어머니의 생신

- 你们的学校 nǐmen de xuéxiào
  너희들의 학교

2. 동사 · 형용사+的+중심어

- 他结婚的时候　　 tā jiéhūn de shíhou
  그가 결혼할 때.

- 身体很好的爸爸　 shēntǐ hěn hǎo de bàba
  건강이 아주 좋은 아버지.

3. 的 de : … 것

- 这是老师的。　 Zhè shì lǎoshī de.
  이것은 선생님의 것이다.

- 那是我做的。　 Nà shì wǒ zuò de.
  그것은 내가 한 것이다.

92

4. (是) … 的 shì … de : 강조 용법

이것은 과거사실에만 사용되어 과거의 사람·시간·장소·방식·목적 등을 강조할 때 쓰인다. 이러한 구조에서 일반적으로 말의 중점은 그 동사가 나타내는 동작에 있는 것이 아니라 동작의 주체·부사어·목적어 등에 있다. 즉, '是'와 '的'의 사이에 오는 말이 강조되는 것이다.

- 他(是)昨天去中国的。 Tā (shì) zuótiān qù Zhōngguó de.
  그는 어제 중국에 갔다.

- 爸爸(是)在银行工作的。 Bàba (shì) zài yínháng gōngzuò de.
  아버지는 은행에서 일하신다.

연월일 표시법

앞 시간			현재	뒤 시간		
大前年 재재작년	前年 재작년	去年 작년	今年 금년	明年 내년	后年 후년	大后年 내후년
大前天 그그저께	前天 그저께	昨天 어제	今天 오늘	明天 내일	后天 모레	大后天 글피
上(个)月 지난 달			这(个)月 / 本月 이번 달		下(个)月 다음 달	
上(个)星期 지난 주			这(个)星期 / 本星期 이번 주		下(个)星期 다음 주	

하루	早上 zǎoshang 아침	上午 shàngwǔ 오전	中午 zhōngwǔ 정오	下午 xiàwǔ 오후	晚上 wǎnshang 저녁
의문	哪(一)年 nǎ (yī) nián 어느 해	哪(一)月 nǎ (yī) yuè 어느 달	哪(一)星期 nǎ (yī) xīngqī 어느 주	哪(一)天 nǎ (yī) tiān 어느 날	什么时候 shénme shíhou 언제
…마다	每(一)年 měi (yī) nián 매년	每(个)月 měi (ge) yuè 매월	每(个)星期 měi (ge) xīngqī 매주	每(一)天 měi (yī) tiān 매일	每时每刻 měishí měikè 시시각각

방위

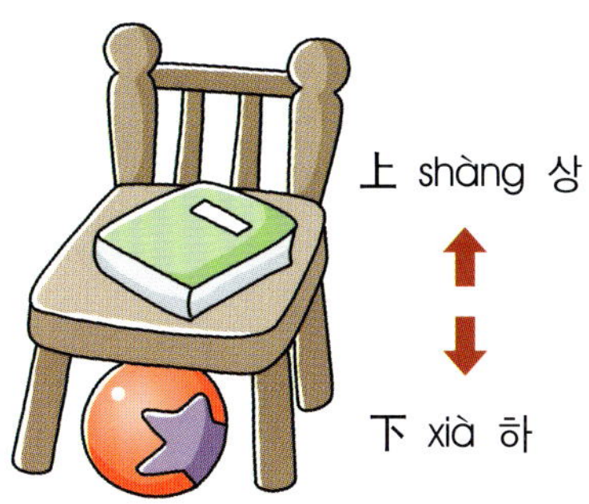

上 shàng 상

下 xià 하

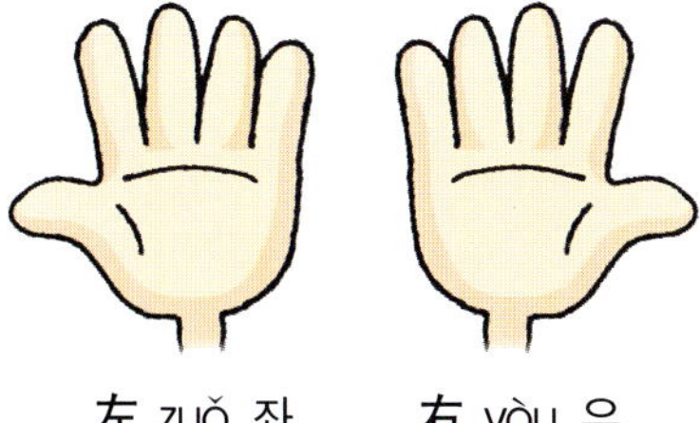

左 zuǒ 좌　　右 yòu 우

后 hòu 후

前 qián 전

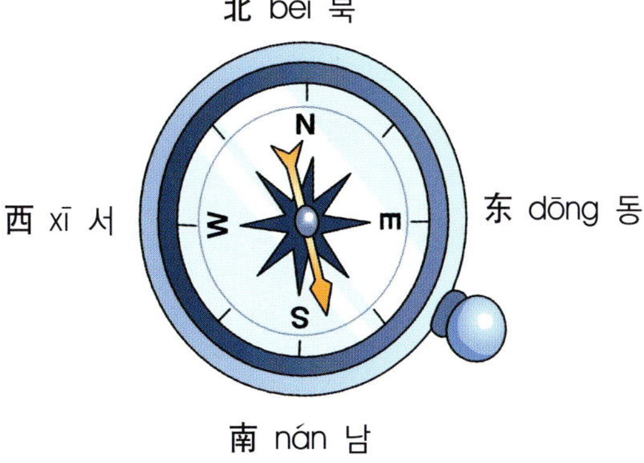

北 běi 북

西 xī 서　　东 dōng 동

南 nán 남

外 wài 밖

里[内] lǐ[nèi] 안

기타 방위

对面	duìmiàn	맞은편	中间	zhōngjiān	중간
附近	fùjìn	부근	口儿	kǒur	입구
面前	miànqián	면전[앞]	旁	páng	옆

1. 다음 시간을 중국어로 읽으시오.

(1) 2:00

(2) 1:30

(3) 12:05

(4) 10:15

2. 다음 빈칸에 알맞은 말을 넣으시오.

(1)	现在		지금
(2)	起床	qǐchuáng	
(3)		jīntiān	오늘
(4)		xīngqī	주
(5)	时候		때
(6)	去	qù	

3. 다음을 중국어로 쓰시오.

(1) 지금은 몇 시입니까?

→

(2) 오늘은 무슨 요일입니까?

→

1
(1) liǎng diǎn
(2) yī diǎn bàn
(3) shí'èr diǎn
　　líng wǔ fēn
(4) shí diǎn shíwǔ fēn

3
(1) 시　点
(2) 요일　星期

해답

1. (1) 两点　(2) 一点半(一点三十分)　(3) 十二点五分　(4) 十点一刻(十点十五分)
2. (1) xiànzài　(2) 일어나다　(3) 今天　(4) 星期　(5) shíhou　(6) 가다
3. (1) 现在几点(了)?　　(2) 今天星期几?

중국인의 수(數) 관념

중국인의 수에 대한 터부는 대개 그 발음과 연관되어 있다. 중국인이 좋아하는 수는 3, 6, 8이다. 3은 중국인들이 예로부터 가장 완벽한 숫자로 보았다. 그래서 《노자(老子)》에는 '3이 만물을 낳는다.'고 하였고, 중국 최초의 사전 《설문해자(说文解字)》에는 하늘과 땅과 사람을 상징하는 숫자로 보고 있다. 옛날 중국의 청동 솥의 다리는 3개이고, 유비가 제갈공명을 찾아간 것도 3번이며 손문이 주창한 것은 삼민주의이다. 6은 발음 때문에 좋아한다. '六'은 'liù'로 '流 liú (잘 진행된다)'와 동음이다. 중국 속담에 '六六大顺(육육대순)'이란 말이 있는데, 나이가 66세일 때 일이 가장 잘 풀린다는 의미이다. 8도 좋아하는데 8(八 bā)의 발음과 '发 fā'의 발음이 비슷하기 때문이다. '发'는 '发财 돈을 벌다'의 뜻을 갖고 있다. 중국인들은 여럿이 모여 식사나 술을 마실 때 실수로 컵이나 그릇이 떨어져 깨질 경우, 깨지는 소리가 중국식 발음으로 '啪 pā'이기 때문에 사람들이 모두 "파아차이(发财 fācái)!"라고 외치며 어색한 분위기를 웃어넘기는 경우가 많다. 자동차 번호, 전화번호에 숫자 8을 넣기 위해서 관련부서에 큰 돈을 주고 번호를 사기도 한다.

중국인들이 싫어하는 숫자는 4(四 sì)자와 5(五 wǔ)자인데 4는 '죽다(死 sǐ)'와 발음이 비슷하기 때문이며, 5는 '악(恶 wù)'의 발음과 비슷하기 때문에 기피한다.

우리가 휴대폰이나 호출기에 숫자로 메시지를 전달하듯이 중국의 청소년들도 숫자로 그들만의 언어를 주고받는다. 예를 들면, 530(wǔ sān líng)은 '네가 보고 싶어(wǒ xiǎng nǐ)', 520(wǔ èr líng)은 '널 사랑해(wǒ ài nǐ)', 570(wǔ qī líng)은 '너 때문에 화가 나 있어(wǒ qì nǐ)' 등이 있다.

중국인들은 숫자를 말할 때 손가락 동작을 같이 사용하는 경우가 많다. 1부터 10까지의 수화 표현은 다음과 같다.

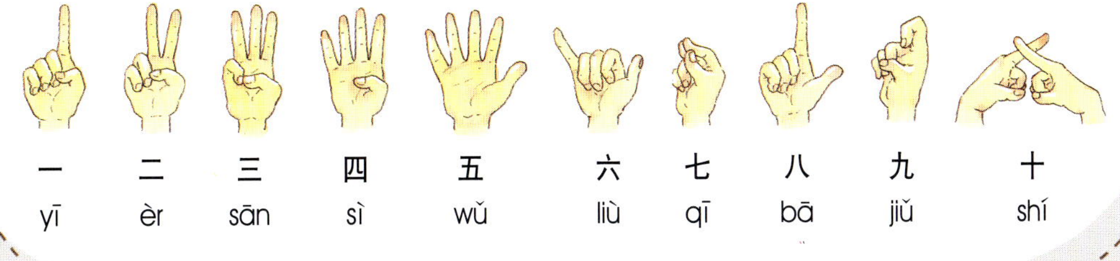

97

去
qù
가다
[거]

去	去	去	去			

qù

一 十 土 去 去

去年 qùnián 작년

现
xiàn
현재, 지금
[現 현]

现	现	现	现			

xiàn

一 二 干 王 珋 现 现

现在 xiànzài 현재, 지금

星
xīng
별
[성]

星	星	星	星			

xīng

𠃌 日 尸 旦 早 早 星

星期 xīngqī 주, 요일을 나타냄

期
qī
시기, 기간
[기]

期	期	期	期			

qī

一 廿 벛 其 期 期 期

时期 shíqī 시기, 때

起
qǐ
일어나다
[기]

起	起	起	起			

qǐ

土 十 耂 走 走 起 起

起床 qǐchuáng 일어나다, 기상하다

的 de
...의
[적]

我的 wǒ de 나의 (것)

明 míng
밝다
[명]

明白 míngbai 알다, 이해하다

点 diǎn
시, 시간
[點 점]

几点 jǐ diǎn 몇 시

时 shí
때, 계절, 시간
[時 시]

时间 shíjiān 시간

半 bàn
절반, 30분
[반]

一半 yí bàn 절반, 1/2

天气怎么样?

날씨가 어떻습니까?

Text 01

1 天气怎么样? ❶
Tiānqì zěnmeyàng?

春天很暖和。
Chūntiān hěn nuǎnhuo.

你喜欢哪个季节?
Nǐ xǐhuan nǎ ge jìjié?

· · · · · · · · · · · · · · · · · · ·

2 夏天很热。
Xiàtiān hěn rè.

下了很大雨。 ❷
Xià le hěn dà yǔ.

我们喜欢游泳。
Wǒmen xǐhuan yóuyǒng.

해설

1 날씨가 어떻습니까?
봄은 아주 따뜻합니다.
당신은 어느 계절을 좋아합니까?

2 여름은 아주 덥습니다.
큰 비가 내렸습니다.
우리는 수영을 좋아합니다.

1. 날씨가 어떻습니까?

天气怎么样？ Tiānqì zěnmeyàng?

'怎么样'은 '어떠하냐'의 의미로 '성질, 상태, 방식'을 물어볼 때 쓰며, 줄임꼴은 '怎样'이다.

今天身体怎么样？ Jīntiān shēntǐ zěnmeyàng?
오늘 몸이 어떠세요?

2. 큰 비가 내렸습니다.

下了很大雨。 Xià le hěn dà yǔ.

'비가 내리다'는 '下雨'인데, '바람이 불다', '눈이 내리다' 표현 또한 '刮风', '下雪'에서처럼 동사가 앞에 나오는 데 유의해야 한다. 이것은 한국어와 중국어에서의 개념의 차이이며 '雨'는 '下'의 대상으로서 온 목적어인 것이다. 즉 '내리는 것이 비이다'라고 중국사람이 이해한다고 보면 된다. '很大雨下了'라고 표현하지 않도록 조심해야 한다.

큰 바람이 불다　　刮大风(○), 大风刮(×)
큰 눈이 내리다　　下大雪(○), 大雪下(×)

새 단어

天气	tiānqì	날씨
春天	chūntiān	봄
喜欢	xǐhuan	좋아하다
夏天	xiàtiān	여름
下雨	xià yǔ	비가 내리다
怎么样	zěnmeyàng	어떠하니?
暖和	nuǎnhuo	따뜻하다
季节	jìjié	계절
热	rè	덥다
游泳	yóuyǒng	수영하다

3　치우 티엔 헌 량 콰이
秋 天 很 凉 快。
Qiūtiān hěn liángkuai.

티엔 치 뿌 렁 예 부 러
天 气 不 冷 也 不 热。
Tiānqì bù lěng yě bú rè.

슈 예 떠우 삐엔 훙 러
树 叶 都 变 红 了。❸
Shùyè dōu biàn hóng le.

. . . .

4　똥 티엔 헌 렁
冬 天 很 冷。
Dōngtiān hěn lěng.

꾸아 펑 시아 쉬에
刮 风，下 雪。
Guā fēng, xià xuě.

쉬에 성 떠우 팡 한 지아
学 生 都 放 寒 假。❹
Xuésheng dōu fàng hánjià.

3 가을은 아주 시원합니다.
　날씨는 춥지도 않고 덥지도 않습니다.
　나뭇잎이 모두 빨갛게 되었습니다.

4 겨울은 아주 춥습니다.
　바람이 불고 눈이 내립니다.
　학생은 모두 겨울방학을 합니다.

3. 나뭇잎이 모두 빨갛게 되었습니다.

树叶都变红了。　　Shùyè dōu biàn hóng le.

'变红'은 '변하여 붉게 되다'라는 의미이다. '了'는 현재 '붉게 되었다'는 상태의 변화를 나타낸다.

变大了。　Biàn dà le.
크게 변했다.

变好了。　Biàn hǎo le.
좋게 변했다.

4. 학생은 모두 겨울방학을 합니다.

学生都放寒假。　　Xuésheng dōu fàng hánjià.

'방학을 하다'는 표현은 '放假'인데, 이것은 '휴가로 쉬다'의 뜻이 있다. 겨울방학은 '寒假'이고, 여름방학은 '暑假 shǔjià'이다.

새 단어

秋天	qiūtiān	가을	凉快	liángkuai	시원하다
冷	lěng	춥다	树叶	shùyè	나뭇잎
变红	biàn hóng	붉게 변하다	冬天	dōngtiān	겨울
刮风	guā fēng	바람이 불다	下雪	xià xuě	눈이 내리다
放假	fàngjià	방학하다	寒假	hánjià	겨울방학

Dialogue 

A : 한궈 티엔치 쩐머양

韩国天气怎么样?

Hánguó tiānqì zěnmeyàng?

B : 쓰지 펀밍 춘 시아 치우 똥 떠우 여우

四季分明,春、夏、秋、冬都有。

Sìjì fēnmíng, chūn、xià、qiū、dōng dōu yǒu.

A : 니 씨환 나거 찌지에

你喜欢哪个季节?

Nǐ xǐhuan nǎge jìjié?

B : 워 씨환 치우 티엔　　치우 티엔 뿌 렁 예 부 러

我喜欢秋天。　秋天不冷也不热。

Wǒ xǐhuan qiūtiān.　Qiūtiān bù lěng yě bú rè.

A : 워 예 씨환 치우 티엔　　홍 예 헌 메이

我也喜欢秋天。红叶很美。

Wǒ yě xǐhuan qiūtiān.　Hóngyè hěn měi.

B : 我不喜欢冬天，太冷了。
Wǒ bù xǐhuan dōngtiān, tài lěng le.

A : 夏天呢？
Xiàtiān ne?

B : 我夏天也不喜欢，太热了。
Wǒ xiàtiān yě bù xǐhuan, tài rè le.

A : 我很喜欢冬天和夏天。
Wǒ hěn xǐhuan dōngtiān hé xiàtiān.

B : 为什么？
Wèi shénme?

A : 因为那个时候我们学生都放假。
Yīnwèi nàge shíhou wǒmen xuésheng dōu fàngjià.

B : 哈哈哈…。
Hā hā hā….

해석

A : 한국의 날씨는 어떻습니까?
B : 사계절이 분명하여, 봄 · 여름 · 가을 · 겨울 이 다 있습니다.
A : 당신은 어느 계절을 좋아합니까?
B : 나는 가을을 좋아합니다. 가을은 춥지도 덥지도 않습니다.
A : 나도 가을을 좋아합니다. 단풍잎이 아주 아름답습니다.
B : 나는 겨울을 싫어합니다. 너무 춥습니다.
A : 여름은요?
B : 나는 여름도 싫어합니다. 너무 덥습니다.
A : 나는 겨울과 여름을 아주 좋아합니다.
B : 무엇 때문에요?
A : 왜냐하면 그때는 우리 학생들이 모두 방학을 하니까요.
B : 하하하….

보충단어

四季分明 sìjì fēnmíng 사계절
　　이 분명하다
红叶 hóngyè 단풍잎
美 měi 아름답다
为什么 wèi shénme 왜, 무엇
　　때문에
因为 yīnwèi 왜냐하면
哈 hā 하 (웃음소리)

✳ '了'의 용법

'了'는 완료를 표현하는 '了₁'과 어기를 표현하는 '了₂'가 있다.

1. 了₁ : 동작이 처해 있는 상태를 표현한다. 즉, 과거·현재·미래의 시점에서 이미
   실현되어 있음을 강조할 때 쓰인다.

   • 동작이 실현된 시점
     去年去了中国。 Qùnián qù le Zhōngguó. 작년에 중국에 갔다.

   • 동작이 행해진 시간·횟수
     在北京住了十年。 Zài Běijīng zhù le shí nián. 북경에서 10년을 살았다.

   • 목적어의 양을 나타내는 한정어의 수반
     昨天下了很大雨。 Zuótiān xià le hěn dà yǔ. 어제 아주 큰 비가 내렸다.

   • 하나의 동작이 이루어진 후 별도의 동작이나 일이 연속해서 발생
     明天你下了课就来吧。 Míngtiān nǐ xià le kè jiù lái ba.
     내일 너는 수업을 마치고 곧 오너라.

2. 了₂ : 문장의 끝에 놓이며 사태의 변화에 대한 확인·감탄·과장·의지·명령·
   금지의 어감을 표현한다.

   • 상황의 변화
     春天了。 Chūntiān le. 봄이 되었다.

   • 성질·상태의 변화
     天热了。 Tiān rè le. 날이 더워졌다.

   • 관계의 변화
     他现在是大学生了。 Tā xiànzài shì dàxuésheng le. 그는 이제 대학생이 되었다.

   • 사태의 변화
     还有两个星期了。 Háiyǒu liǎng ge xīngqī le. 아직 2주일 남았다.

날씨와 기상현상

날씨 관련 어휘

天气	tiānqì	날씨	风	fēng	바람
露水	lùshuǐ	이슬	霜	shuāng	서리
阵雨/骤雨	zhènyǔ / zhòuyǔ	소나기	毛毛雨	máomáoyǔ	이슬비
梅雨	méiyǔ	장마, 장맛비	雷	léi	천둥
冰雹	bīngbáo	우박	风暴	fēngbào	폭풍
台风	táifēng	태풍	洪水	hóngshuǐ	홍수
天气豫报	tiānqìyùbào	일기예보	阴天	yīntiān	흐린 날
晴天	qíngtiān	맑은 날	冰	bīng	얼음
潮湿	cháoshī	습하다	干燥	gānzào	건조하다
雾	wù	안개			

연습문제

1. 다음을 짝지으시오.

(1) 春天 ·　　　　　· 热

(2) 夏天 ·　　　　　· 凉快

(3) 秋天 ·　　　　　· 暖和

(4) 冬天 ·　　　　　· 冷

2. 다음 빈칸에 알맞은 말을 넣으시오.

(1)　天气　　　　　　　　　　날씨

(2)　　　　　　xǐhuan　　　좋아하다

(3)　季节　　jìjié　　　　　　

(4)　游泳　　yóuyǒng　　　　

(5)　　　　　xià xuě　　　눈 내리다

(6)　放假　　　　　　　　방학하다

3. 다음을 중국어로 쓰시오.

(1) 봄 날씨는 어떻습니까?

→

(2) 한국의 날씨는 사계절이 분명합니다.

→

---

1 (1) 春天　봄

(2) 夏天　여름

(3) 秋天　가을

(4) 冬天　겨울

3 (1) 어떻습니까?
　　怎么样?

(2) 분명하다　分明

해답

1. (1) 春天 – 暖和　(2) 夏天 – 热　(3) 秋天 – 凉快　(4) 冬天 – 冷
2. (1) tiānqì　(2) 喜欢　(3) 계절　(4) 수영(하다)　(5) 下雪　(6) fàngjià
3. (1) 春天天气怎么样?　(2) 韩国天气四季分明。

중국의 기후환경

중국대륙은 남북 위도의 차이에 따라 기온차도 크고 기후도 천차만별이다. 최남방인 해남도는 열대기후대에 속하고, 절강(浙江), 복건(福建), 광동(广东), 광서(广西) 등 화남지방은 아열대성기후를 띤다. 그리고 장강(长江, 양쯔강)을 중심으로 한 화중지방은 온대기후대에 속하며, 화북평야에서부터 만주까지는 대륙성 냉대기후지역이다. 또한 서부의 신강위구르 자치구, 청해(青海), 운남(云南), 티베트 등은 큰 산맥으로 바다와 멀리 격리되어 있어 건조한 기후를 보이며, 곳곳에 고산기후도 나타난다.

- 북부 : 겨울은 12~3월이며, 지독하게 춥다. 만리장성 북부, 내몽골 안쪽 또는 헤이룽장의 기온은 −40℃까지 떨어지고 모래 언덕이 눈으로 덮인 묘한 광경도 볼 수 있다. 여름은 대개 5~8월이다. 봄과 가을이 방문하기에 가장 좋다.

- 중부 : 장강(长江) 계곡지역(상해 포함)의 여름은 길며, 덥고 습하다. 4~10월은 어느 때를 막론하고 기온이 높다. 겨울은 짧고 춥다. 기온이 영하로 떨어지고 거의 북경만큼 추워진다.

- 남부 : 광저우 근처 남단은 덥고 습한 여름이 4~9월까지 계속된다. 온도가 38℃에 달하기도 한다. 이때는 장마철이기도 한데 7~9월에는 동남쪽 해안에 태풍이 분다. 겨울은 1~3월까지로 짧은 편이다. 여행하기 가장 좋은 때는 기온이 보통 20~25℃인 봄, 가을이다.

- 서북부 : 여름엔 꽤 덥지만 그래도 건조하다. 한낮의 사막지역은 찌는 듯이 덥다. 투루판은 저지대로 해발 150m 이하에 자리하고 있어 한여름이면 온도가 47℃까지 치솟는다. 겨울은 북쪽 지방만큼 추위가 매섭다.

- 티베트 : 하루에도 4계절을 모두 느낄 수 있다. 밤과 새벽에는 온도가 영하로 떨어졌다가 한낮에는 38℃까지 치솟는다. 겨울이면 매서운 추위가 닥쳐 칼날 같은 겨울바람이 분다.

气
qì
기체, 기운
[氣 기]

气 气 气 气
qì

丿 气 气 气
天气 tiānqì 날씨

样
yàng
모양, 표본
[樣 양]

样 样 样 样
yàng

一 十 木 术 栏 样 样
怎么样 zěnmeyàng 어떠하다, 어떠한가?

暖
nuǎn
따뜻하다
[난]

暖 暖 暖 暖
nuǎn

日 旷 旷 旷 旷 暖 暖
暖和 nuǎnhuo 따뜻하다, 따뜻하게 하다

冷
lěng
춥다, 차다
[냉]

冷 冷 冷 冷
lěng

丶 冫 冫 冷 冷 冷 冷
冷静 lěngjìng 냉정하다, 침착하다, 한적하다

热
rè
덥다
[熱 열]

热 热 热 热
rè

一 十 扌 扐 执 执 热
闷热 mēnrè 무덥다, 후텁지근하다

凉 liáng 서늘하다 [량]

凉　凉　凉　凉

liáng

丶　冫　冫　广　浐　浐　凉　凉

凉快　liángkuai　시원하다, 상쾌하다

变 biàn 변하다, 바뀌다 [變 변]

变　变　变　变

biàn

丶　亠　亣　亦　亦　变　变

变化　biànhuà　변화하다

游 yóu 돌아다니다 [유]

游　游　游　游

yóu

氵　氵　浐　泮　泮　游　游

游泳　yóuyǒng　수영하다, 헤엄치다

喜 xǐ 기쁘다, 즐겁다 [희]

喜　喜　喜　喜

xǐ

士　吉　吉　吉　青　喜　喜

喜欢　xǐhuan　좋아하다, 즐기다

假 jià 휴가, 휴일 [가]

假　假　假　假

jià

亻　伊　伊　作　假　假　假

放假　fàngjià　방학하다, 휴가를 보내다

你要买什么?

당신은 무엇을 사려고 합니까?

Text 01

1

니 야오 마이 션 머
你 要 买 什 么? ❶

Nǐ yào mǎi shénme?

워 시앙 마이 이 지엔 이 푸
我 想 买 一 件 衣 服。

Wǒ xiǎng mǎi yí jiàn yīfu.

이 푸 짜이 나-알 마이
衣 服 在 哪 儿 卖? ❷

Yīfu zài nǎr mài?

· · · · · · · · · · · · · · · ·

2

쩌 슈앙 피 시에 뚜어 샤오 치엔
这 双 皮 鞋 多 少 钱? ❸

Zhè shuāng píxié duōshao qián?

쩌 스 싼 바이 콰이
这 是 三 百 块。

Zhè shì sānbǎi kuài.

쩌 즈 삐 꿰이 부 꿰이
这 支 笔 贵 不 贵?

Zhè zhī bǐ guì bu guì?

해설

1 당신은 무엇을 사려고 합니까?
나는 옷 한벌을 사려고 합니다.
옷은 어디에서 팝니까?

2 이 구두는 얼마입니까?
이것은 삼백 위안입니다.
이 펜은 비쌉니까?

1. 당신은 무엇을 사려고 합니까?

你要买什么？　Nǐ yào mǎi shénme?

'要'는 조동사로 사용되어 '…하려고 하다'의 소망·의지의 의미를 나타낸다. 동사 '买'의 앞에 쓰여 '사려고 하다'의 뜻이 된다.

2. 옷은 어디에서 팝니까?

衣服在哪儿卖？　Yīfu zài nǎr mài?

'卖 mài'는 '买 mǎi'와 상대어이다. 두 단어는 발음상 성조부분만 다른데 특히 성조에 유의하여 발음하여야 한다. 중국어는 성조가 달라지면 뜻이 완전히 바뀌어 오해가 생기는 경우가 있으므로 항상 성조를 지켜 발음하는 습관을 가져야 한다.
'买卖 mǎimai'는 명사로 '장사'라는 뜻이 되고, '做买卖'는 '장사하다', '做买卖的'는 '장사하는 사람, 상인'의 뜻으로 쓰인다.

3. 이 구두는 얼마입니까?

这双皮鞋多少钱？　Zhè shuāng píxié duōshao qián?

'多少钱'은 '얼마의 돈이냐?'로 가격을 묻는 물음이다. 비슷한 표현으로 '怎么卖? zěnme mài? 어떻게 팔아요?'라고 말하기도 한다.

새 단어

要　yào　…하려고 하다	买　mǎi　사다
想　xiǎng　…하고 싶다	件　jiàn　…벌 (옷을 세는 단위)
衣服　yīfu　옷	卖　mài　팔다
双　shuāng　켤레 (쌍으로 된 물건을 세는 단위)	皮鞋　píxié　구두
多少　duōshao　얼마, 몇	钱　qián　돈
块　kuài　원 (돈을 세는 단위)	支　zhī　…자루 (가늘고 긴 물건을 세는 단위)
笔　bǐ　펜, 필기구	贵　guì　비싸다

113

Text ◯2

3 能 不 能 再 便 宜 一 点 儿？❹
넝 뿌 넝 짜이 피엔 이 이 디얼

Néng bu néng zài piányi yìdiǎnr?

有 没 有 别 的？
여우 메이 여우 비에 더

Yǒu mei yǒu biéde?

你 还 要 什 么？
니 하이 야오 션 머

Nǐ hái yào shénme?

· · · · · · · · · · · · · · · · · ·

4 你 看 怎 么 样？
니 칸 쩐머양

Nǐ kàn zěnmeyàng?

我 穿 很 合 适。
워 추안 헌 허스

Wǒ chuān hěn héshì.

又 便 宜 又 好 看。❺
요우 피엔 이 요우 하오 칸

Yòu piányi yòu hǎokàn.

3 조금 더 싸게 할 수 있습니까?
다른 것 있습니까?
당신은 또 무엇이 필요합니까?

4 당신 보기에 어떻습니까?
제가 입기에 아주 적당합니다.
값도 싸고 예쁩니다.

4. 조금 더 싸게 할 수 있습니까?

能不能再便宜一点儿？　Néng bu néng zài piányi yìdiǎnr?

'能'은 '할 수 있다'의 가능의 뜻을 나타내는 조동사이다. '能不能' 형태는 조동사의 긍정형과 부정형을 병렬한 의문문 형식이다. 위의 문장은 '吗'를 사용하는 의문문 형식 '能再便宜一点儿吗？'로 바꾸어 표현할 수 있다.

5. 값도 싸고 예쁩니다.

又便宜又好看。　Yòu piányi yòu hǎokàn.

'又…又~' 용법은 동시에 두 가지 사실을 병렬하여 말할 때 쓰인다. '한편 …하고, 또 ~하다'의 뜻이다.

새 단어

能 néng …할 수 있다	再 zài 다시, 또
便宜 piányi 싸다	一点儿 yìdiǎnr 약간, 조금
别 bié 다른	穿 chuān 입다, 착용하다
合适 héshì 적당하다	又 yòu 또
好看 hǎokàn 예쁘다	

115

Dialogue

밍 티엔 스 빠바 더 성르　　워 야오 마이 성르　리우

A : 明天是爸爸的生日。　我要买生日礼物。

Míngtiān shì bàba de shēngrì.　Wǒ yào mǎi shēngrì lǐwù.

니 야오 마이 션머　리우

B : 你要买什么礼物?

Nǐ yào mǎi shénme lǐwù?

이 지엔　이푸　　이푸 짜이 나-알 마이

A : 一件衣服。衣服在哪儿卖?

Yí jiàn yīfu.　Yīfu zài nǎr mài?

짜이　똥따먼　상창 마이

B : 在东大门商场卖。

Zài Dōngdàmén shāngchǎng mài.

워먼　이 치 취　하오 뿌 하오

A : 我们一起去,好不好?

Wǒmen yīqǐ qù, hǎo bu hǎo?

하오 바

B : 好吧。

Hǎo ba.

〔 **在东大门商场** zài Dōngdàmén shāngchǎng 〕

A : 这件怎么样?
Zhè jiàn zěnmeyàng?

B : 对你爸爸很合适吧。
Duì nǐ bàba hěn héshì ba.

A : 这个多少钱?
zhège duōshao qián?

C : 五万元。
Wǔwàn yuán.

B : 太贵了。 便宜一点儿吧。
Tài guì le.　　Piányi yìdiǎnr ba.

C : 四万五, 怎么样?
Sìwàn wǔ, zěnmeyàng?

A : 好, 我就要这个。
Hǎo, wǒ jiù yào zhège.

해석

A : 내일은 아버지의 생신이야. 나는 생신선물을 사려고 해.
B : 너는 무슨 선물을 사려고 하니?
A : 옷 한 벌. 옷은 어디서 파니?
B : 동대문 상가에서 팔아.
A : 우리 같이 갈래?
B : 좋아.
(동대문 상가에서)
A : 이 옷은 어때?
B : 너희 아버지에게 잘 어울릴 것 같아.
A : 이것은 얼마죠?
C : 오만 원입니다.
B : 너무 비싸네요. 깎아 주세요.
C : 4만 5천 원, 어때요?
A : 좋아요. 저는 이것으로 할게요.

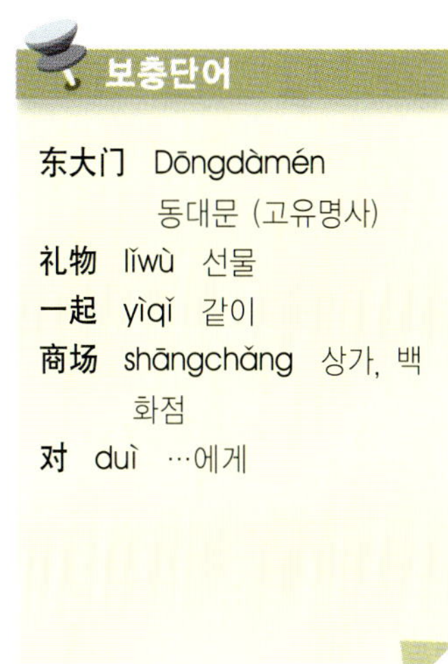

东大门　Dōngdàmén
　　　　 동대문 (고유명사)
礼物　lǐwù　선물
一起　yìqǐ　같이
商场　shāngchǎng　상가, 백
　　　 화점
对　duì　…에게

117

✳ 조동사 용법

1. **要** yào
   - …하려고 하다
     你**要**去看吗？ Nǐ yào qù kàn ma? 당신은 가서 보겠습니까?
   - …해야 한다
     我们**要**去吗？ Wǒmen yào qù ma? 우리는 가야만 합니까?

2. **能** néng : …할 수 있다
     我不**能**买。 Wǒ bù néng mǎi. 나는 살 수 없다.

3. **会** huì
   - (배워서) …할 수 있다
     我**会**说汉语。 Wǒ huì shuō Hànyǔ. 나는 중국어를 말할 줄 안다.
   - (추측) …할 것이다
     他明天**会**去中国。 Tā míngtiān huì qù Zhōngguó. 그는 내일 중국에 갈 것이다.

4. **可以** kěyǐ
   - …할 수 있다
     我**可以**买。 Wǒ kěyǐ mǎi. 나는 살 수 있다.
   - …해도 좋다
     你**可以**去。 Nǐ kěyǐ qù. 너는 가도 좋다.

5. **想** xiǎng : …하고 싶다
     我**想**买衣服。 Wǒ xiǎng mǎi yīfu. 나는 옷을 사고 싶다.

6. **打算** dǎsuan : …하려고 하다
     我**打算**联系他。 Wǒ dǎsuan liánxì tā.　나는 그에게 연락하려고 한다.

7. **应该** yīnggāi : …해야 한다
     你**应该**买这个。 Nǐ yīnggāi mǎi zhège. 너는 이것을 사야만 한다.

8. **得** děi : …해야 한다
     我**得**学汉语。 Wǒ děi xué Hànyǔ. 나는 중국어를 배워야 한다.

중국의 돈

  중국화폐의 명칭은 인민폐(人民币, RMB)이며 기본 화폐단위는 위안(元 yuán)이다. 위안 아래 하부 단위로는 쟈오(角 jiǎo)와 펀(分 fēn)이 있다. 구어체에서는 흔히 위안을 콰이(块 kuài)로, 쟈오를 마오(角 máo)로 읽는다. 액면가가 가장 큰 지폐(纸币 zhǐbì)는 100위안이고 동전(硬币 yìngbì)으로는 1위안이 액면가가 가장 크다.

1元 [块] = 10角 [毛]　　　1角 [毛] = 10分　　　1元 [块] = 100分

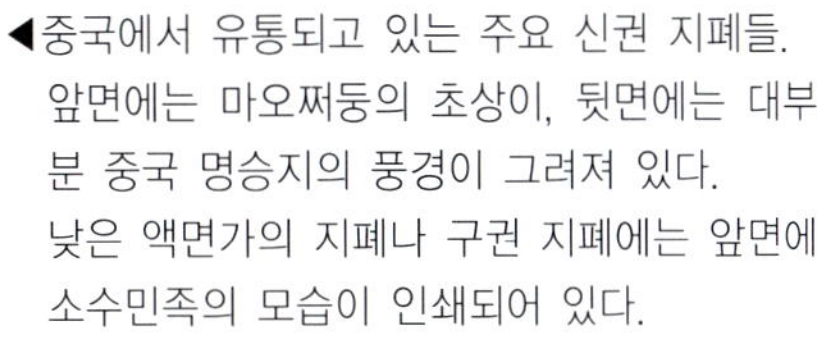

◀중국에서 유통되고 있는 주요 신권 지폐들. 앞면에는 마오쩌둥의 초상이, 뒷면에는 대부분 중국 명승지의 풍경이 그려져 있다.
낮은 액면가의 지폐나 구권 지폐에는 앞면에 소수민족의 모습이 인쇄되어 있다.

1. 다음을 짝지으시오.

(1) 件 •   • 笔
(2) 双 •   • 衣服
(3) 支 •   • 皮鞋

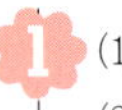

(1) 件 옷을 세는 양사
(2) 双 쌍으로 된 것을
     세는 양사
(3) 支 가늘고 긴 것을
     세는 양사

2. 다음 빈칸에 알맞은 말을 넣으시오.

(1)	钱		돈
(2)		guì	비싸다
(3)	便宜		싸다
(4)		bié	다른
(5)	合适	héshì	
(6)	好看	hǎokàn	

3. 다음을 중국어로 쓰시오.

(1) 네가 보기에 이 옷은 어떠니?

→

(2) 이 펜은 비싸고도 좋지 않다.

→

(1) 옷 衣服
(2) 펜 笔

해답

1. (1) 件 – 衣服   (2) 双 – 皮鞋   (3) 支 – 笔
2. (1) qián   (2) 贵   (3) piányi   (4) 别   (5) 적당하다   (6) 보기 좋다, 예쁘다
3. (1) 你看, 这件衣服怎么样?   (2) 这支笔又贵又不好。

중국인의 의생활

중국은 지역과 민족의 특성에 따라 의복구조가 천태만상이나 그중 전통적으로 중국복장을 대변하는 것으로 치파오와 중산복이 있다.

■치파오(旗袍 qípáo)

원래 만주족의 전통복장이었는데 청나라 때 전국적으로 유행되기 시작하여 중국의 전통복장이 되었다. 원통형으로 다리 옆부분이 갈라지고 앞에는 단추가 달려 있으며, 칼라가 목 부분을 둘러싸고 있는 것이 특징이다. 근대 이후 서양 의복의 도입으로 착용 범위가 점차 축소되다가 서비스 분야 종사자들을 중심으로 다시 착용 범위가 늘어나기 시작했다. 현재는 우리나라의 개량 한복처럼 일상생활에 입기 쉽도록 고안된 개량형 치파오 등이 많이 보급되어 일상에서 치파오를 입는 사람들이 늘고 있으며 취미로 화려한 전통 치파오를 입는 젊은 여성들도 점차 늘어나는 추세이다.

▲중산복을 고안한 손문

■중산복(中山服 zhōngshānfú)

인민복, 혹은 중산장이라고도 한다. 중산복은 손중산(孙中山 Sūn Zhōngshān, 손문)이 생활에 편리하도록 고안한 옷으로 현대 중국인이 가장 애용하던 복장이다. 스탈린, 카스트로 등 사회주의 국가의 지도자들도 즐겨 입었다. 현재는 서양 의복이 보편화 되었지만 농민들이나 노년층 중에는 아직도 중산복을 입는 사람들이 많다.

■양복(西装 xīzhuāng, 西服 xīfú)

지금은 서양 의복 문화가 널리 퍼져있다. 예전 도시나 농촌 사람들의 복장은 어두운 색 일색이었으나 개방 이후 대학생 위주로 서양 의복을 많이 입게 되어 이제는 중국 어느 도시를 가던 예쁜 옷을 입은 중국인을 흔히 볼 수 있다. 대도시에서는 세계 최신 유행이 바로 수입되는가 하면 현대미와 중국 전통미를 결합하는 방향으로 발전되고 있다.

看 kàn 보다 [간]

看 看 看 看

kàn

一 二 手 看 看 看 看

好看 hǎokàn 보기 좋다, 예쁘다

件 jiàn …벌(양사) [건]

件 件 件 件

jiàn

ノ イ 仁 仁 件 件

一件衣服 yí jiàn yīfu 옷 한 벌

要 yào …하려고 하다 [요]

要 要 要 要

yào

一 一 两 两 要 要 要

重要 zhòngyào 중요하다

买 mǎi 사다 [買 매]

买 买 买 买

mǎi

一 一 买 买 买

买卖 mǎimai 장사, 매매

卖 mài 팔다 [賣 매]

卖 卖 卖 卖

mài

一 十 士 青 卖 卖 卖

买卖 mǎimài 사고 팔다

对

duì
…에게
[對 대]

フ ヌ ヌ 对对

对不起　duì bu qǐ　미안합니다

钱

qián
돈
[錢 전]

ノ 午 午 钅 钅 钱 钱 钱

找钱　zhǎoqián　거슬러주다, 거스름돈

笔

bǐ
펜, 필기구
[筆 필]

ノ ト 竹 竺 竺 笔 笔

圆珠笔　yuánzhūbǐ　볼펜

为

wèi 돕다
…을 위하여
[爲 위]

丶 ゾ 为 为

为什么　wèi shénme　왜, 무엇 때문에

能

néng
…할 수 있다
[능]

ナ 育 育 育 育 能 能

能干　nénggàn　유능하다, 재능있다

Text 01

1 你的兴趣是什么？

Nǐ de xìngqù shì shénme?

我喜欢旅行。

Wǒ xǐhuan lǚxíng.

我的爱好是集邮。

Wǒ de àihào shì jíyóu.

. . . .

2 我很喜欢做运动。❶

Wǒ hěn xǐhuan zuò yùndòng.

我最喜欢打篮球。❷

Wǒ zuì xǐhuan dǎ lánqiú.

他只喜欢看球赛。

Tā zhǐ xǐhuan kàn qiúsài.

해설

1 당신의 취미는 무엇입니까?
나는 여행을 좋아합니다.
나의 취미는 우표수집입니다.

2 나는 운동하는 것을 아주 좋아합니다.
나는 농구하기를 가장 좋아합니다.
그는 단지 구기시합 구경을 좋아합니다.

1. 나는 운동하는 것을 아주 좋아합니다.

我很**喜欢**做运动。　　Wǒ hěn xǐhuan zuò yùndòng.

'좋아하다'의 의미를 갖는 '喜欢'은 명사·대명사를 목적어로 취할 뿐 아니라, 동사술어구도 목적어로 취할 수 있다.

我喜欢他。　Wǒ xǐhuan tā.
나는 그를 좋아한다.

他喜欢看电影。　Tā xǐhuan kàn diànyǐng.
그는 영화 보는 것을 좋아한다.

2. 나는 농구하기를 가장 좋아합니다.

我最喜欢**打**篮球。　　Wǒ zuì xǐhuan dǎ lánqiú.

운동 중에 구기종목을 하는 경우 대부분 동사 '打'를 쓰고 목적어로 운동 종목이 온다.

야구하다	打棒球	dǎ bàngqiú
배구하다	打排球	dǎ páiqiú
테니스하다	打网球	dǎ wǎngqiú

단, 발로 하는 축구의 경우, '차다' 뜻의 '踢'를 쓴다.

| 축구하다 | 踢足球 | tī zúqiú |

새 단어

兴趣	xìngqù 취미	旅行	lǚxíng 여행하다
爱好	àihào 애호하다, 기호	集邮	jíyóu 우표를 수집하다
运动	yùndòng 운동하다	最	zuì 가장
打篮球	dǎ lánqiú 농구하다	只	zhǐ 단지
球赛	qiúsài 구기종목 경기		

Text **2**

3　你喜欢看电影吗?
Nǐ xǐhuan kàn diànyǐng ma?

我是影迷。❸
Wǒ shì yǐngmí.

我常常看中国电影。
Wǒ chángcháng kàn Zhōngguó diànyǐng.

· · · · · · · · · · · · · · · ·

4　我喜欢听音乐。
Wǒ xǐhuan tīng yīnyuè.

我喜欢唱歌。
Wǒ xǐhuan chànggē.

他喜欢跳舞。❹
Tā xǐhuan tiàowǔ.

해설

3 당신은 영화보는 것을 좋아합니까?
나는 영화광입니다.
나는 자주 중국영화를 봅니다.

4 나는 음악 듣는 것을 좋아합니다.
나는 노래하는 것을 좋아합니다.
그는 춤추는 것을 좋아합니다.

3. 나는 영화광입니다.

我是影迷。　Wǒ shì yǐngmí.

'…迷'는 '애호가, …광'의 뜻이다.

연극 애호가	戏迷	xìmí
바둑[장기] 애호가	棋迷	qímí
스포츠광	运动迷	yùndòngmí
댄스광	跳舞迷	tiàowǔmí

4. 그는 춤추는 것을 좋아합니다.

他喜欢跳舞。　Tā xǐhuan tiào wǔ.

'跳'는 '뛰다, 뛰어오르다'의 의미를 갖고 있다.

높이뛰기	跳高 tiàogāo
멀리뛰기	跳远 tiàoyuǎn
줄넘기	跳绳 tiàoshéng

새 단 어

电影	diànyǐng 영화	影迷	yǐngmí 영화광
常常	chángcháng 늘, 자주	听	tīng 듣다
音乐	yīnyuè 음악	唱歌	chànggē 노래하다
跳舞	tiàowǔ 춤을 추다		

Dialogue

A : 쩌거 씽치 티엔 니 쭈어 션머
这 个 星 期 天 你 做 什 么?
Zhège xīngqītiān nǐ zuò shénme?

B : 워 껀 펑여우 이치 취 뤼싱
我 跟 朋 友 一 起 去 旅 行。
Wǒ gēn péngyou yìqǐ qù lǚxíng.

A : 니 씨환 뤼싱 스부스
你 喜 欢 旅 行, 是 不 是?
Nǐ xǐhuan lǚxíng, shì bu shì?

B : 스 워 더 씽취 스 뤼싱 니 더 씽취 스 션머
是, 我 的 兴 趣 是 旅 行。 你 的 兴 趣 是 什 么?
Shì, wǒ de xìngqù shì lǚxíng. Nǐ de xìngqù shì shénme?

A : 워 메이여우 션머 터비에 더 씽취
我 没 有 什 么 特 别 的 兴 趣。
Wǒ méiyǒu shénme tèbié de xìngqù.

워 씨환 쭈어 윈똥
我 喜 欢 做 运 动。
Wǒ xǐhuan zuò yùndòng.

B : 你最喜欢的运动是什么?
Nǐ zuì xǐhuan de yùndòng shì shénme?

A : 打篮球。 你呢?
Dǎ lánqiú.　Nǐ ne?

B : 我只喜欢看球赛。
Wǒ zhǐ xǐhuan kàn qiúsài.

A : 你喜不喜欢看电影?
Nǐ xǐ bu xǐhuan kàn diànyǐng?

B : 我喜欢中国电影。 你呢?
Wǒ xǐhuan Zhōngguó diànyǐng.　Nǐ ne?

A : 我也喜欢中国电影。 我们一起去看电影吧。
Wǒ yě xǐhuan Zhōngguó diànyǐng.　Wǒmen yìqǐ qù kàn diànyǐng ba.

B : 好的。
Hǎo de.

해석

A : 이번 일요일에 너는 무얼 하니?

B : 나는 친구와 함께 여행을 갈 거야.

A : 너는 여행을 좋아하는구나, 그렇지?

B : 응, 내 취미는 여행이야. 너의 취미는 뭐니?

A : 나는 뭐 특별한 취미가 없어. 나는 운동하는 걸 좋아해.

B : 네가 가장 좋아하는 운동은 뭐니?

A : 농구야. 너는?

B : 나는 그저 (구기) 경기 관람하는 것을 좋아해.

A : 너 영화 보는 것 좋아하니?

B : 나는 중국영화를 좋아해. 너는?

A : 나도 중국영화를 좋아해. 우리 영화 보러 같이 가자.

B : 좋아.

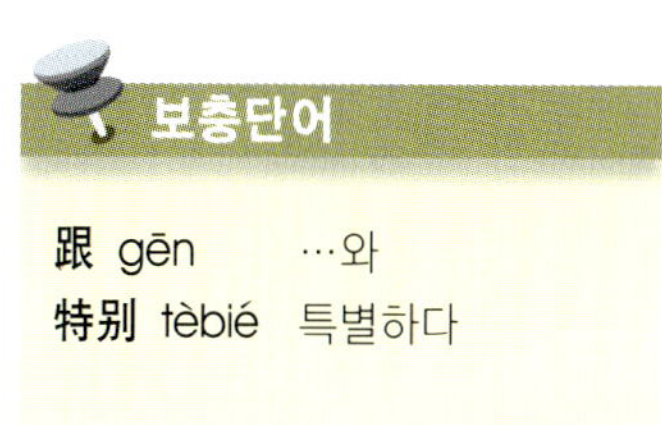

보충단어

跟 gēn　…와
特别 tèbié　특별하다

129

❋여 러 가 지 부 사

1. 정도

- **很** hěn : 아주
  天气**很**好。 Tiānqì hěn hǎo.
  날씨가 아주 좋다.

- **太** tài : 매우, 너무
  不**太**忙。 Bú tài máng.
  별로 바쁘지 않다.

- **最** zuì : 가장
  我**最**喜欢他。 Wǒ zuì xǐhuan tā.
  나는 그를 가장 좋아한다.

- **真** zhēn : 정말
  她**真**好看。 Tā zhēn hǎokàn.
  그녀는 정말 예쁘다.

2. 범위

- **都** dōu : 모두
  我们**都**是韩国人。 Wǒmen dōu shì Hánguórén.
  우리는 모두 한국인이다.

- **一起** yìqǐ : 함께
  我们**一起**看吧。 Wǒmen yìqǐ kàn ba.
  우리 같이 보자.

- **就** jiù : 바로
  就要这个。 Jiù yào zhège.
  바로 이것을 원한다.

- **只是** zhǐshì : 다만
  我**只是**喜欢看。 Wǒ zhǐshì xǐhuan kàn.
  나는 다만 보는 것을 좋아한다.

- **又** yòu : 또
  又想去旅行。 Yòu xiǎng qù lǚxíng.
  또 여행을 가고 싶다.

- **再** zài : 다시, 더
  不**再**买什么了。 Bú zài mǎi shénme le.
  더 뭔가를 사지 않겠다.

- **也** yě : …도, 역시
  学校**也**不很远。 Xuéxiào yě bù hěn yuǎn.
  학교도 별로 멀지 않다.

- **还** hái : 또, 게다가
  您**还**买什么? Nín hái mǎi shénme?
  당신은 또 무엇을 삽니까?

- **已经** yǐjing : 이미
  我**已经**看了。 Wǒ yǐjing kàn le.
  나는 이미 보았다.

- **刚** gāng : 방금
  我**刚**开始运动。 Wǒ gāng kāishǐ yùndòng.
  나는 방금 운동을 시작했다.

- **还** hái : 아직, 여전히
  我**还**没去。 Wǒ hái méi qù.
  나는 아직 안 갔다.

- **先** xiān : 먼저, 우선
  先下车后上车。 Xiān xiàchē hòu shàngchē.
  먼저 차에서 내리고, 후에 차에 오르다.

- **在** zài, **正** zhèng , **正在** zhèngzài : 막, 한참(진행 중)
  正在看报。 Zhèngzài kàn bào.
  막 신문을 보고 있다.

- **常** cháng 늘, 항상, 자주
  他**常**来我家。 Tā cháng lái wǒ jiā.
  그는 자주 우리 집에 온다.

- **就** jiù : 곧, 벌써
  他**就**来。 Tā jiù lái.
  그가 벌써 왔다.

- **就要** jiùyào : 곧
  就要放假了。 Jiùyào fàngjià le.
  곧 방학을 한다.

5. 부정

- **不** bù : …이 아니다
  不太远。 Bú tài yuǎn.
  별로 멀지 않다.

- **没(有)**… méi(you) … : …하지 않았다
  他还**没**来。 Tā hái méi lái.
  그는 아직 오지 않았다.

취미, 운동

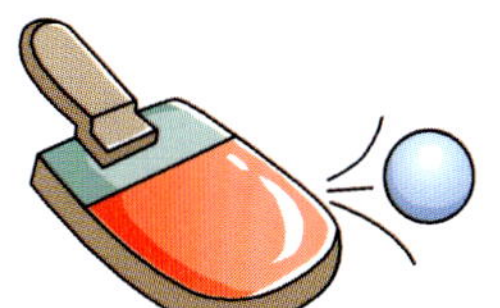

兵兵球 pīngpāngqiú
탁구

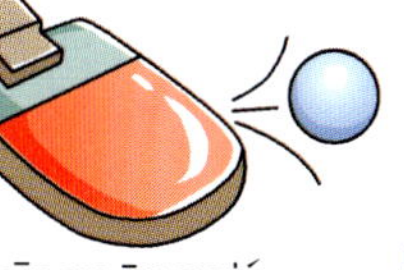

足球 zúqiú 축구

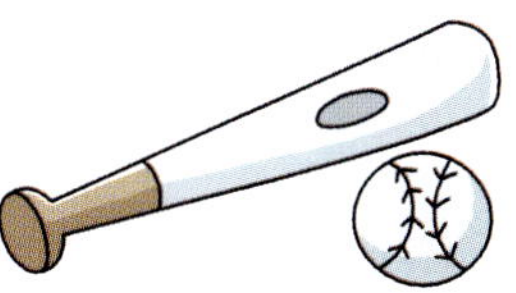

棒球 bàngqiú 야구

橄榄球 gǎnlǎnqiú 럭비

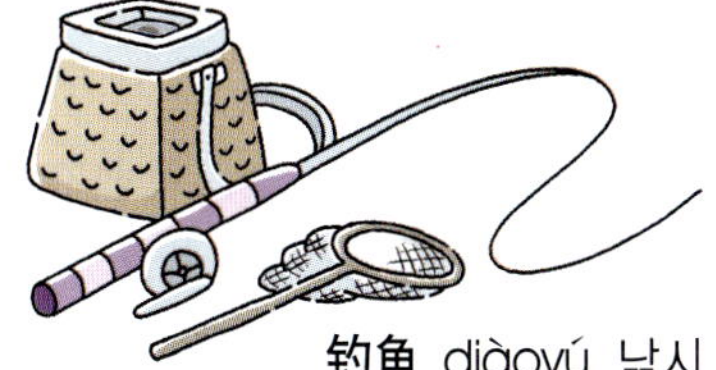

钓鱼 diàoyú 낚시

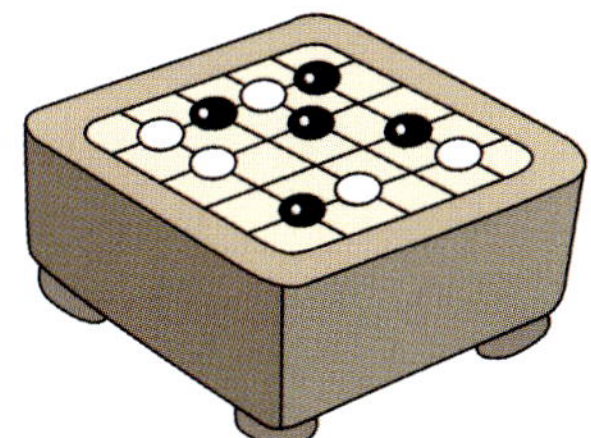

围棋 wéiqí 바둑

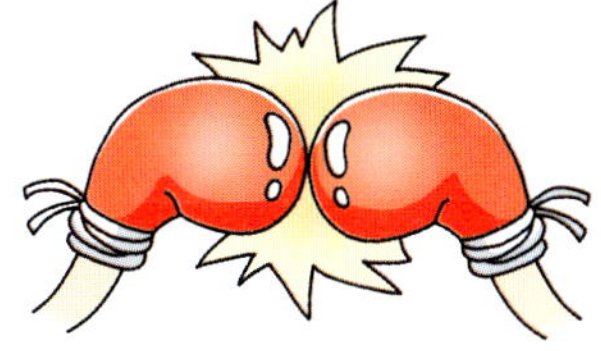

拳击 quánjī 권투

网球 wǎngqiú 테니스

취미, 운동 관련 어휘

电影	diànyǐng	영화	戏剧	xìjù	연극
象棋	xiàngqí	장기	麻将	májiàng	마작
马戏	mǎxì	서커스	杂技	zájì	곡예
跳舞	tiàowǔ	댄스	篮球	lánqiú	농구
排球	páiqiú	배구	羽毛球	yǔmáoqiú	배드민턴
摔交	shuāijiāo	씨름	赛马	sàimǎ	경마
冰球	bīngqiú	아이스하키	高尔夫	gāo'ěrfū	골프
体操	tǐcāo	체조	柔道	róudào	유도
跆拳道	táiquándào	태권도	太极拳	tàijíquán	태극권
滑雪	huáxuě	스키	滑冰	huábīng	스케이팅
马拉松	mǎlāsōng	마라톤	跳水	tiàoshuǐ	다이빙

1. 다음 빈칸에 필요한 것을 고르시오.

很　只　最　不

(1) 나는 운동을 좋아하지 않습니다.　　我＿＿喜欢运动。

(2) 나는 운동을 좋아할 뿐입니다.　　我＿＿喜欢运动。

(3) 나는 운동을 가장 좋아합니다.　　我＿＿喜欢运动。

(4) 나는 운동을 아주 좋아합니다.　　我＿＿喜欢运动。

2. 다음 빈칸에 알맞은 말을 넣으시오.

(1)	旅行		여행하다
(2)		jíyóu	우표수집
(3)	篮球	lánqiú	
(4)	电影	diànyǐng	
(5)		chànggē	노래하다
(6)	跳舞		춤추다

3. 다음을 중국어로 쓰시오.

(1) 당신의 취미는 무엇입니까?

→

(2) 나는 음악 듣는 것을 좋아합니다.

→

해답

1. (1) 不　(2) 只　(3) 最　(4) 很
2. (1) lǚxíng　(2) 集邮　(3) 농구　(4) 영화　(5) 唱歌　(6) tiàowǔ
3. (1) 你的兴趣是什么?　(2) 我喜欢听音乐。

태극권 (太极拳)

아침에 중국 대도시의 공원이나 학교를 산책하다 보면 태극권을 수련하는 사람들을 흔히 볼 수 있다. 중국에서의 태극권 열풍은 대단한데 특히 노인들에게 더욱 사랑받고 있다. 이처럼 노인들이 특히 이 수련을 많이 하는 것은 격렬하지 않고 천천히 움직이면서도 운동 본연의 효과를 충분히 누릴 수 있다는 장점 때문이다.

태극권(太极拳 Tàijíquán)은 중국의 명조 말, 청조 초에 허난성(河南省 Hénánshěng)에 거주하던 진씨(陈氏) 일족(一族) 사이에서 창시된 진식(陈式) 태극권에서 유래하였다는 설이 있으나, 그보다는 중국 송나라 말 사람인 장삼봉(张三峰 Zhāng Sānfēng) 진인이 역경(易经)의 태극오행설(太极五行说)과 황제내경소문(皇帝内经素问)의 동양의학, 노자(老子)의 철학사상 등에 기공(气功) 및 양생도인법,

▲태극권을 배우고 있는 중국 여성들

호신술을 절묘하게 조화해 집대성한 것이라는 설이 유력하다.

창안한 근본목적은 치병 및 건강장수에 있지만 그 수련과정에서 자위(自卫)의 능력이 자연히 생겨나는 체용(体用 : 근본 바탕과 그의 적용)이 겸비된 기예이며 유연하고 완만한 동작 속에 기(气)를 단전에 모아 온몸에 원활하게 유통시키고 오장육부를 강화하는 것이 두드러진 특징이다. 또한 사기종인(舍己从人 : 자기 주장을 버리고 남의 주장에 따름)의 원리를 적용해 상대의 공격에 대항하지 않고 그 힘을 이용해 공격하는데, 타격에는 발경(发劲 : 힘을 집중해 큰 위력을 쏘아냄) 기법을 사용한다. 태극권은 대대로 전해 내려오면서 진식(陈式), 양식(杨式), 오식(吴式), 손식(孙式), 정자(郑子) 등으로 파생하였다.

최근에는 치병과 건신(健身)에 뛰어난 효과가 있다는 사실이 널리 알려져 전세계적으로 유행하게 되었으며, 움직이는 선(禅), 환골금단(换骨金丹), 기공권, 감각권 등의 별명을 가지고 있다.

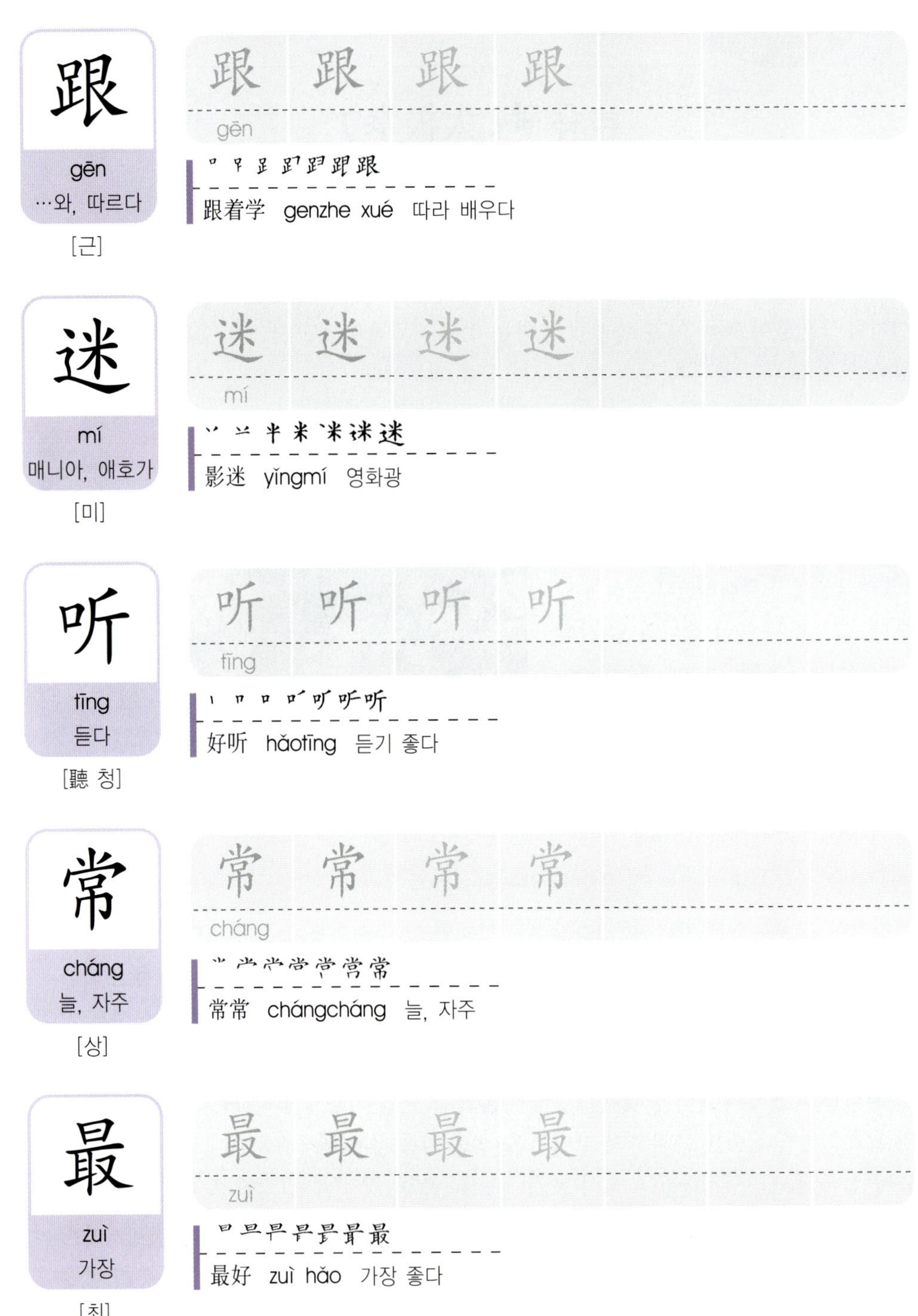

跟				
gēn

`跟 跟 跟 跟`

跟着学 genzhe xué 따라 배우다

跟 gēn ···와, 따르다 [근]

迷				
mí

`迷 迷 迷 迷`

影迷 yǐngmí 영화광

迷 mí 매니아, 애호가 [미]

听				
tīng

`听 听 听 听`

好听 hǎotīng 듣기 좋다

听 tīng 듣다 [聽 청]

常				
cháng

`常 常 常 常`

常常 chángcháng 늘, 자주

常 cháng 늘, 자주 [상]

最				
zuì

`最 最 最 最`

最好 zuì hǎo 가장 좋다

最 zuì 가장 [최]

趣 qù 재미, 흥미 [취]

趣 趣 趣 趣
qù

土 キ 走 走 赵 趔 趣
兴趣 xìngqù 취미, 재미, 흥미

爱 ài 사랑하다 [愛 애]

爱 爱 爱 爱
ài

爱好 àihào 애호하다, 기호

动 dòng 움직이다 [動 동]

动 动 动 动
dòng

一 二 云 云 动 动
运动 yùndòng 운동하다, 운동

电 diàn 전기 [電 전]

电 电 电 电
diàn

丿 冂 曰 日 电
电影 diànyǐng 영화

唱 chàng 노래하다 [창]

唱 唱 唱 唱
chàng

唱歌 chànggē 노래부르다

大使馆怎么走?

대사관은 어떻게 가지요?

Text 01

1 大使馆怎么走? ❶
Dàshǐguǎn zěnme zǒu?

那儿不太远。
Nàr bú tài yuǎn.

走路去也可以。❷
Zǒu lù qù yě kěyǐ.

· · · · · · · · · · · · · · · ·

2 我要去新世界百货商店。
Wǒ yào qù Xīnshìjiè bǎihuò shāngdiàn.

坐什么车去好呢?
Zuò shénme chē qù hǎo ne?

坐地铁去就方便。
Zuò dìtiě qù jiù fāngbiàn.

해설

1 대사관은 어떻게 갑니까?
거기는 그리 멀지 않습니다.
걸어서 가도 됩니다.

2 나는 신세계 백화점에 가려고 합니다.
어떤 차를 타고 가는 것이 좋습니까?
지하철을 타고 가는 게 편리합니다.

1. 대사관은 어떻게 가지요?

大使馆怎么走?　Dàshǐguǎn zěnme zǒu?

'怎么走? zěnme zǒu? 어떻게 갑니까?'로 어떤 장소를 찾아가는 방법을 묻는 질문이다. 길을 물을 때 흔히 사용할 수 있는 표현이다.

百货商店怎么走?　Bǎihuò shāngdiàn zěnme zǒu?
백화점은 어떻게 갑니까?

中国银行怎么走?　Zhōngguó yínháng zěnme zǒu?
중국은행은 어떻게 갑니까?

2. 걸어가도 됩니다.

走路去也可以。　　Zǒu lù qù yě kěyǐ.

'可以'는 형용사로 '괜찮다, 된다'의 뜻이다. '好 hǎo'나 '行 xíng'을 사용해도 비슷한 표현이 된다.

= 走路去也好。
　走路去也行。

大使馆 dàshǐguǎn 대사관	**走** zǒu 걷다, 가다
那儿 nàr 그곳, 거기	**远** yuǎn 멀다
走路 zǒu lù 길을 걷다	**可以** kěyǐ 괜찮다, 된다
新世界 Xīnshìjiè 신세계 (고유명사)	**百货商店** bǎihuò shāngdiàn 백화점
坐 zuò 타다, 앉다	**地铁** dìtiě 지하철
方便 fāngbiàn 편리하다	

Part 10

3 你坐什么车上班？❸
Nǐ zuò shénme chē shàngbān?

我骑自行车。❹
Wǒ qí zìxíngchē.

我坐公共汽车。
Wǒ zuò gōnggòng qìchē.

· · · · · · · · · · ·

4 我不常坐出租汽车。
Wǒ bù cháng zuò chūzū qìchē.

哪个车最快？
Nǎge chē zuì kuài?

摩托车很危险。
Mótuōchē hěn wēixiǎn.

3 당신은 어떤 차를 타고 출근합니까?
나는 자전거를 탑니다.
나는 버스를 탑니다.

4 나는 택시를 자주 타지 않습니다.
어떤 차가 가장 빠릅니까?
오토바이는 아주 위험합니다.

140

3. 어떤 차를 타고 출근합니까?

坐什么车上班? Zuò shénme chē shàngbān?

'무슨 차를 타고 출근합니까?'의 이 문장은 동사 '坐'와 '上' 2개가 사용되었다. 한 문장에서 동일한 주어에 2개 이상의 동사가 연속해서 사용된 문장을 연동문이라 한다.

4. 나는 자전거를 타고 갑니다.

我骑自行车。　Wǒ qí zìxíngchē.

'骑'는 '타다'의 뜻인데 다리를 벌리고 타는 종류에 쓰인다. 자전거를 타는 경우에 '坐'를 쓰지 않고 '骑'를 쓴다는 데 유의해야 한다.

> 骑摩托车　qí mótuōchē　오토바이를 타다
> 骑马　qí mǎ　말을 타다

새 단어

上班　shàngbān　출근하다	骑　qí　(자전거 · 오토바이 · 말을) 타다
自行车　zìxíngchē　자전거	公共汽车　gōnggòng qìchē　버스
出租汽车　chūzū qìchē　택시	快　kuài　빠르다
摩托车　mótuōchē　오토바이	危险　wēixiǎn　위험하다

A : 请问，中国大使馆怎么走？
Qǐngwèn, Zhōngguó Dàshǐguǎn zěnme zǒu?

B : 坐地铁在明洞站下车。离明洞站不远。
Zuò dìtiě zài Míngdòngzhàn xiàchē.　Lí Míngdòngzhàn bù yuǎn.

A : 坐公共汽车也可以吗？
Zuò gōnggòng qìchē yě kěyǐ ma?

B : 可以是可以，对外国人不很方便。
Kěyǐ shì kěyǐ, duì wàiguórén bù hěn fāngbiàn.

A : 坐出租汽车怎么样？
Zuò chūzū qìchē zěnmeyàng?

B : 那方便是方便，只是很贵。
Nà fāngbiàn shì fāngbiàn, zhǐshì hěn guì.

A : 那么，最好坐地铁，然后走一点儿路。 是吧?
Nàme, zuì hǎo zuò dìtiě, ránhòu zǒu yìdiǎnr lù. Shì ba?

B : 是，你们中国人坐什么车上班?
Shì, nǐmen Zhōngguórén zuò shénme chē shàngbān?

A : 中国人一般骑自行车上班。
Zhōngguórén yìbān qí zìxíngchē shàngbān.

B : 有没有骑摩托车的人?
Yǒu mei yǒu qí mótuōchē de rén?

A : 有，骑摩托车很快。
Yǒu, qí mótuōchē hěn kuài.

B : 但有点儿危险。
Dàn yǒu diǎnr wēixiǎn.

해석

A : 말씀 좀 묻겠는데, 중국대사관은 어떻게 갑니까?
B : 지하철을 타고 명동역에서 내려요. 명동역에서 멀지 않습니다.
A : 버스를 타고 가도 됩니까?
B : 되기는 되는데, 외국인에게는 그리 편리하지 않습니다.
A : 택시를 타고 가는 것은 어떻습니까?
B : 그것은 편리하기는 편리한데 다만 아주 비쌉니다.
A : 그렇다면 지하철을 타고 다음에 좀 걷는 것이 가장 좋겠군요, 그렇죠?
B : 네, 당신 중국사람들은 무엇을 타고 출근합니까?
A : 중국사람들은 보통 자전거를 타고 출근합니다.
B : 오토바이를 타는 사람은 없습니까?
A : 있습니다. 오토바이를 타면 아주 빠릅니다.
B : 하지만 좀 위험하지요.

보충단어

请问 qǐngwèn 말씀 좀 묻겠습니다
明洞 Míngdòng 명동 (고유명사)
站 zhàn 역, 정류장
离 lí …에서부터(기점을 표시)
外国人 wàiguórén 외국인
然后 ránhòu …한 후에
一般 yìbān 보통, 일반적으로

✱ 연동문

연동문은 한 문장 안에서 두 개 이상의 동사 구조가 동일한 주어를 공유하는 문장이다. 연속된 동사는 순서가 고정되어 있으며 접속어도 없고 쉬는 곳도 없다. 그렇기 때문에 의미에 밀접한 관계가 있고, 그러한 의미의 관련에 의해서 분류할 수 있다.

1. 목적 : …하기 위해[하려고] ~하다

- 去商店买衣服。　　Qù shāngdiàn mǎi yīfu.
  옷을 사기 위해 상점에 가다.

- 打电话问问他。　　Dǎ diànhuà wènwen tā.
  그에게 좀 물으려고 전화를 걸다

2. 방식·수단 : …하고[하면서] ~하다

- 坐地铁去大使馆。　　　Zuò dìtiě qù dàshǐguǎn.
  지하철을 타고 대사관에 가다.

- 走着去学校。　　　　　Zǒuzhe qù xuéxiào.
  걸어서 학교에 가다.

3. 선후 : …하고서 ~하다

- 放了假回家。　　　　　Fàng le jià huíjiā.
  방학을 하고서 집으로 돌아가다.

- 买了地图去旅行。　　　Mǎi le dìtú qù lǚxíng.
  지도를 사서 여행을 가다.

교통

飞机 fēijī 비행기

火车 huǒchē 기차

出租汽车
chūzū qìchē 택시

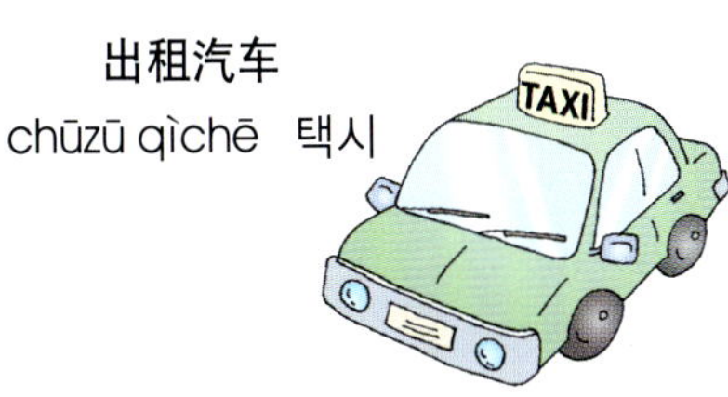

游览车 yóulǎnchē
관광버스

卡车 kǎchē 트럭

自行车 zìxíngchē 자전거

船 chuán 배

취미, 운동 관련 어휘

长途汽车	chángtú qìchē	장거리버스	地铁	dìtiě	지하철
快车	kuàichē	급행열차	慢车	mànchē	완행열차
餐车	cānchē	식당차	班车	bānchē	통근차
救火车	jiùhuǒchē	소방차	货车	huòchē	화물차
缆车	lǎnchē	케이블카	救护车	jiùhùchē	구급차
摩托车	mótuōchē	오토바이	港口	gǎngkǒu	항구
车站	chēzhàn	정거장, 역	月台	yuètái	플랫폼
头班车	tóubānchē	첫차	末班车	mòbānchē	막차
特快	tèkuài	특급	硬席	yìngxí	보통[일반]석
软卧车	ruǎnwòchē	일등침대차	软席车	ruǎnxíchē	일등객차
公共汽车站	gōnggòng qìchēzhàn	버스 정류장			

1. 다음 빈칸에 필요한 것을 고르시오.

> 离　是　可以　有点儿

(1) 那方便___方便，只是很贵。

(2) 走路去也_____。

(3) 那儿___这儿不远。

(4) 骑摩托车______危险。

2. 다음 빈칸에 알맞은 말을 넣으시오.

(1)　　远　　　　　　　　　　　멀다

(2)　　地铁　　dìtiě

(3)　　方便　　fāngbiàn

(4)　　　　　　shàngbān　　　출근하다

(5)　　　　　　kuài　　　　　　빠르다

(6)　　危险　　　　　　　　　　위험하다

3. 다음을 중국어로 쓰시오.

(1) 말씀 좀 여쭙겠는데, 한국대사관은 어떻게 갑니까?

→

(2) 당신은 무슨 차를 타고 출근합니까?

→

해답

중국의 철도

철도는 넓은 대륙을 이동하는 수단으로서 매우 중요한 역할을 하고 있다. 소요시간은 비행기보다 늦지만 가격이 저렴하고, 중국인들과 친밀한 교류를 할 수 있으며, 창밖으로 중국대륙을 느낄 수 있다는 이유로 많은 여행자들의 사랑을 받고 있다.

열차의 종류는 다양한데 외국인 여행객이 주로 이용하는 특쾌(特快 tèkuài), 장거리 여행에 적합한 직쾌(直快 zhíkuài), 가까운 단거리 여행에 알맞은 쾌객(快客 tèkuài), 완행열차인 보객(普客 pǔkè) 등으로 나뉜다. '特快'는 북경과 주요도시를 연결하고 '直快'는 두 곳 이상의 철도국 사이를 운행한다. '快客'는 한 철도국 내를 달리는 급행열차이다. '快客' 은 낮시간에 짧은 거리를 달려서 좌석이 많고, '直快' 이상은 비교적 장거리를 운행해서 식당차와 침대차로 되어 있다.

좌석에 따라 분류하면 고급침대(软卧 ruǎnwò), 일반침대(硬卧 yìngwò), 고급좌석(软座 ruǎnzuò), 일반좌석(硬座 yìngzuò) 네 가지가 있다.

'软卧'는 푹신한 침대로 외국인들이 주로 이용하며 가격이 비싸다. 2층 침대가 2개 있는 4인 1실이며 문이 달려 있어 일행 4명이 여행할 때 편리하다. 탑승하면 차표를 승무원이 회수하였다가 나중에 다시 돌려주므로 내릴 곳을 지나칠 염려는 없다. '硬卧'는 딱딱한 침대로 상. 중. 하 3단으로 나뉘어져 있으며 서로 마주보는 여섯 개의 침대가 한 칸으로 되어있다. 층마다 요금이 다르다. 칸막이가 있고 문은 없으며 얇은 매트리스와 시트, 베개, 담요, 보온병이 설치되어 있다.

'软座'는푹신한 좌석으로 주로 단거리 열차에 있다. 지정석이라 '硬座' 처럼 혼잡하지 않아서 여유로이 풍경을 감상할 수 있다. '硬座'는 얇은 쿠션으로 된 딱딱한 좌석인데 서민이 이용하는 일반석이다. 요금은 가장 싸다. 지정석이 아니라 매우 복잡하고 시끄러우므로 장거리를 이용할 사람은 단단히 각오를 해야 한다.

▲중국의 쾌속열차 / 고급좌석의 객실

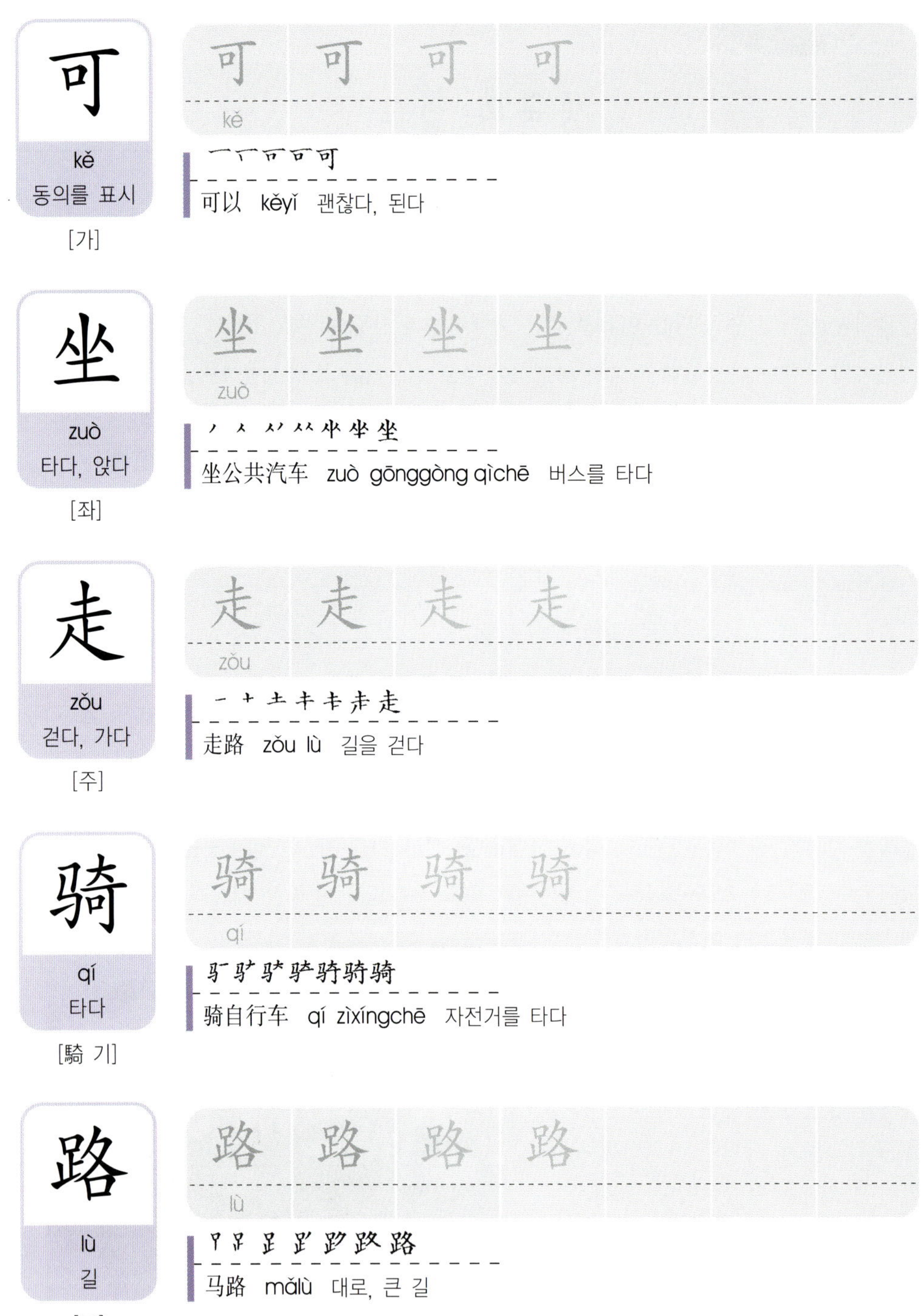

可	可 可 可 可				

kě
동의를 표시
[가]

一 丁 ㅋ ㅋ 可

可以 kěyǐ 괜찮다, 된다

坐	坐 坐 坐 坐				

zuò
타다, 앉다
[좌]

丿 亻 亽 亽 坐 坐 坐

坐公共汽车 zuò gōnggòng qìchē 버스를 타다

走	走 走 走 走				

zǒu
걷다, 가다
[주]

一 十 土 キ キ 赱 走

走路 zǒu lù 길을 걷다

骑	骑 骑 骑 骑				

qí
타다
[騎 기]

马 驴 驴 驴 骑 骑 骑

骑自行车 qí zìxíngchē 자전거를 타다

路	路 路 路 路				

lù
길
[로]

𧾷 𧾷 𧾷 𧾷 路 路 路

马路 mǎlù 대로, 큰 길

汽
qì
김, 수증기
[기]

汽 汽 汽 汽
qì

丶 冫 氵 氵 汽 汽 汽
出租汽车 chūzū qìchē 택시

车
chē
차
[車 차, 거]

车 车 车 车
chē

一 𠂉 𠂉 车
摩托车 mótuōchē 오토바이

远
yuǎn
멀다
[遠 원]

远 远 远 远
yuǎn

一 二 テ 元 元 沅 远
远路 yuǎnlù 먼 길

问
wèn
묻다
[問 문]

问 问 问 问
wèn

丶 亻 门 门 问 问
请问 qǐngwèn 말씀 좀 묻겠습니다.

离
lí
…에서부터
[離 리]

离 离 离 离
lí

亠 文 文 亠 齊 离 离
离别 líbié 떠나다, 헤어지다

Part. 11

我会做菜。

나는 요리를 할 줄 알아요.

Text 01

1
워 훼이 쭈어 차이
我 会 做 菜。
Wǒ huì zuò cài.

짜이 찬 팅 디엔 차이
在 餐厅 点 菜。
Zài cāntīng diǎn cài.

쯍 궈 차이 헌 하오 츠
中国菜 很 好 吃。❶
Zhōngguócài hěn hǎochī.

· · · · · · · · · · · · · · · · · ·

2
쩌 스 지아 창 차이
这 是 家 常 菜。
Zhè shì jiāchángcài.

칭 뚸 츠 디 얼
请 多 吃 点 儿。❷
Qǐng duō chī diǎnr.

나 쉐이 궈 허 디엔 씬 바
拿 水 果 和 点 心 吧。
Ná shuǐguǒ hé diǎnxin ba.

해설

1 나는 요리를 할 줄 압니다.
식당에서 요리를 주문합니다.
중국 요리는 아주 맛있습니다.

2 이것은 일상 가정 요리입니다.
좀 많이 드십시오.
과일과 간식을 가져와요.

1. 맛있다

好吃 hǎochī.

'好+동사'는 '…하기에 좋다'의 뜻이 된다. 따라서 '먹기에 좋다→맛있다'가 되었다. 이같은 표현의 예를 들면 다음과 같다.

她很好看。 Tā hěn hǎokàn.
그녀는 아주 예쁘다.

中国音乐很好听。 Zhōngguó yīnyuè hěn hǎotīng.
중국 음악은 듣기 좋다.

中国茶真好喝。 Zhōngguóchá zhēn hǎohē.
중국 차는 정말 마시기 좋다.

2. 좀 많이 드십시오.

请多吃点儿。 Qǐng duō chī diǎnr.

'请'은 '…에게 ~하기를 부탁하다'의 의미로 쓰인다. 즉, '请+목적어+동사'의 관계가 되며, 이 목적어는 뒤에 나오는 동사에 대해서 주어 역할을 겸한다 해서 '겸어'로 부르고, 이 문장을 '겸어문'이라고 한다.

(我) 请 你 来…
       겸어

会 huì …할 줄 알다	菜 cài 요리
餐厅 cāntīng 식당	点菜 diǎn cài 요리를 주문하다
好吃 hǎochī 맛있다	家常菜 jiāchángcài 일상 가정 요리
拿 ná 들다, 가져오다	水果 shuǐguǒ 과일
点心 diǎnxin 간식	

Text 02

3 中国菜炒菜很多。
Zhōngguócài chǎocài hěn duō.

中国人先吃菜后喝汤。
Zhōngguórén xiān chī cài hòu hē tāng.

韩国菜有点儿辣。❸
Hánguócài yǒu diǎnr là.

· · · · · · · · · · · · · ·

4 中国人喜欢吃猪肉。
Zhōngguórén xǐhuan chī zhūròu.

一边吃饭一边喝茶。❹
Yìbiān chīfàn yìbiān hē chá.

中国酒很有名。
Zhōngguó jiǔ hěn yǒumíng.

📖 **해설**

3 중국 요리는 볶음요리가 많습니다.
중국 사람은 먼저 요리를 먹고 나중에 국을 마십니다.
한국 요리는 조금 맵습니다.

4 중국 사람은 돼지고기 먹는 것을 좋아합니다.
식사를 하면서 차를 마십니다.
중국 술은 아주 유명합니다.

3. 한국 요리는 조금 맵습니다.

韩国菜有点儿辣。 Hánguócài yǒudiǎnr là.

'有点儿'은 '조금 …하다'의 뜻으로 주로 부정적인 어감에 사용된다.

有点儿贵。 Yǒudiǎnr guì.
조금 비싸다

有点儿大。 Yǒudiǎnr dà.
조금 크다

4. 당신 저희 집에 오셔서 식사하세요.

一边吃饭一边喝茶。 Yìbiān chīfàn yìbiān hē chá.

'(一)边~(一)边…'은 두 가지 동작이 동시에 진행될 때 쓰는 말이다.

边走边看 biān zǒu biān kàn
가면서 보다

一边听一边说 yìbiān tīng yìbiān shuō
들으면서 말한다

새 단어

炒 chǎo (요리에서) 볶다	先 xiān 먼저
后 hòu 나중에	喝 hē 마시다
汤 tāng 국	辣 là 맵다
猪肉 zhūròu 돼지고기	一边 yìbiān …하면서
茶 chá 차	酒 jiǔ 술
有名 yǒumíng 유명하다	

Dialogue

A : 听说, 中国人很讲究吃, 是吗?
Tīngshuō, Zhōngguórén hěn jiǎngjiu chī, shì ma?

B : 是, 中国菜又多又好吃。
Shì, Zhōngguócài yòu duō yòu hǎochī.

A : 你会不会做菜?
Nǐ huì bu huì zuò cài?

B : 我会一点儿, 今天晚上请你来我家吃饭。
Wǒ huì yìdiǎnr, jīntiān wǎnshang qǐng nǐ lái wǒ jiā chīfàn.

A : 好, 谢谢你。
Hǎo, xièxie nǐ.

〖 **在请客人的家** zài qǐng kèrén de jiā 〗

칭 찐　　칭 찐　　콰이 쭈어
B : 请 进, 请 进, 快 坐。
Qǐngjìn, qǐngjìn, kuài zuò.

찐 티엔 쭈어 더 차이 쩐 뚸 아
A : 今 天 做 的 菜 真 多 啊!
Jīntiān zuò de cài zhēn duō a!

뿌　쩌 떠우 스 지아 창 차이　　워 뿌 쯔 따오 니　씨 뿌 씨 환
B : 不, 这 都 是 家 常 菜。 我 不 知 道 你 喜 不 喜 欢。
Bù, zhè dōu shì jiāchángcài.　Wǒ bù zhīdao nǐ xǐ bu xǐhuan.

워　이 딩　씨 환　　쩌 스 부 스　마 포 떠우 푸
A : 我 一 定 喜 欢, 这 是 不 是 麻 婆 豆 腐?
Wǒ yídìng xǐhuan, zhè shì bu shì mápó dòufu?

스　나 스　쓰 추안 차이　여우 디-얼　라
B : 是, 那 是 四 川 菜, 有 点 儿 辣。
Shì, nà shì Sìchuāncài, yǒudiǎnr là.

한 궈 런　씨 환 츠 라 더
A : 韩 国 人 喜 欢 吃 辣 的。
Hánguórén xǐhuan chī là de.

뚸이　한 궈 더 파오 차이 쩐 라
B : 对, 韩 国 的 泡 菜 真 辣。
Duì, Hánguó de pàocài zhēn là.

해석 -

A : 듣자하니, 중국인은 먹는 것을 아주 중시한다던데, 그러니?

B : 응, 중국 요리는 많고도 맛있어.

A : 너는 요리를 할 줄 아니?

B : 나는 조금 할 줄 알아.

　　오늘 저녁에 너 우리 집에 와서 밥 먹으렴.

A : 좋아, 고마워.

(초대받은 집에서)

B : 들어와, 얼른 앉아.

A : 오늘 정말 많은 음식을 만들었구나!

B : 아니야, 이건 다 늘 먹는 것들이야. 네가 좋아할지 모르겠다.

A : 나는 물론 좋아하지. 이것은 마파두부 맞아?

B : 응, 그것은 사천요리지, 좀 매워.

A : 한국 사람은 매운 것 먹기를 좋아해.

B : 맞아, 한국의 김치는 정말 매워.

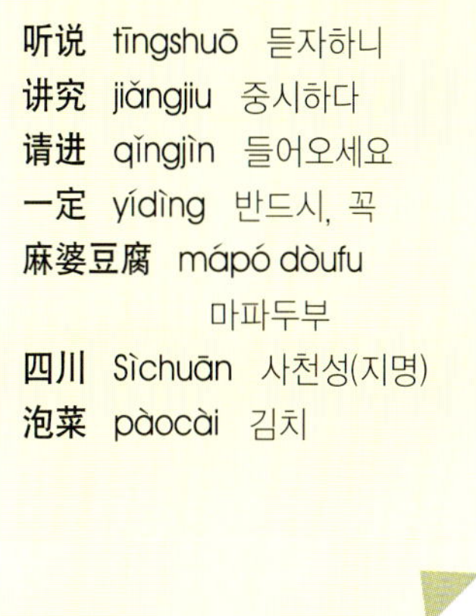

보충단어

听说 tīngshuō 듣자하니
讲究 jiǎngjiu 중시하다
请进 qǐngjìn 들어오세요
一定 yídìng 반드시, 꼭
麻婆豆腐 mápó dòufu
　　　　　　마파두부
四川 Sìchuān 사천성(지명)
泡菜 pàocài 김치

❋ 겸어문

겸어문에 쓰이는 동사는 주로 사역의 의미를 갖는다. 연동문과 겸어문은 동시에 2개의 연속된 동사를 연결해서 사용하고 있지만, 각 연속된 동사가 동일 주어에 연계하는 것은 연동문이고, 동일 주어에 연계하지 않는 것이 겸어문이다.(목적어가 뒤의 동사에 대해 주어 역할을 겸함)

- 我请你看看。 Wǒ qǐng nǐ kànkan.
  당신이 좀 보기를 부탁한다.

- 请你来我家吃饭。 Qǐng nǐ lái wǒ jiā chīfàn.
  우리 집에 오셔서 식사하십시오.

- 那个消息使我们很高兴。 Nà ge xiāoxi shǐ wǒmen hěn gāoxìng.
  그 소식은 우리를 아주 기쁘게 했다.

- 爸爸要我睡觉。 Bàba yào wǒ shuìjiào.
  아버지께서 나에게 잠자라고 하셨다.

식사 관련 용어

식사, 요리 관련 어휘

早饭	zǎofàn	아침식사	午饭	wǔfàn	점심식사
晚饭	wǎnfàn	저녁식사	自助餐	zìzhùcān	뷔페(식) 식사
拿手菜	náshǒucài	제일 잘하는 요리	便餐	biàncān	간단한 식사
小吃	xiǎochī	간단히 먹는 식사	菜肴	càiyáo	요리, 반찬
夜餐	yècān	밤참, 야식	菜单	càidān	식단, 메뉴
碗子	wǎnzi	그릇	牙签儿	yáqiānr	이쑤시개
口渴	kǒukě	목이 마르다	苦	kǔ	쓰다
腥	xīng	비리다	酸	suān	시다
甜	tián	달다	咸	xián	짜다
淡	dàn	싱겁다	炒	chǎo	볶다
炸	zhá	튀기다	煎	jiān	지지다
煮	zhǔ	삶다	蒸	zhēng	찌다

1. 다음 빈칸에 필요한 것을 고르시오.

先　请　会　有名　后

(1) ＿＿＿ 你来我家吃饭。

(2) 中国人＿＿＿吃菜＿＿＿喝汤。

(3) 我＿＿＿做菜。

(4) 中国酒很＿＿＿。

2. 다음 빈칸에 알맞은 말을 넣으시오.

(1)	餐厅	cāntīng	
(2)		diǎncài	요리를 주문하다
(3)	喝		마시다
(4)	辣	là	
(5)	猪肉		돼지고기
(6)		chá	차

3. 다음을 중국어로 쓰시오.

(1) 한국 요리는 아주 맛있습니다.

→

(2) 밥을 먹으면서 차를 마십니다.

→

1
请 qǐng …해주세요
会 huì …할 수 있다
有名 yǒumíng 유명하다
先…后~ xiān…hòu~
먼저…하고, 후에 ~하다

3 (1) 한국 요리　韩国菜
(2) …하면서 ~하다
　　　一边…，一边~

해답

1. (1) 请　(2) 先后　(3) 会　(4) 有名
2. (1) 식당, 음식점　(2) 点菜　(3) hē　(4) 맵다　(5) zhūròu　(6) 茶
3. (1) 韩国菜很好吃。　(2) 一边吃饭，一边喝茶。

중국인의 식생활

중국에는 '백성은 먹는 것을 하늘처럼 섬긴다(民以食为天)'는 말이 있다. 그래서 역대 천자의 최대 과제는 백성을 어떻게 먹이느냐에 있었고 먹게만 해주면 태평성대라고 칭송받을 수 있었다. 그러나 그 많은 인구를 먹이는 것이 보통 문제가 아니었다. 역사상 중국 대륙에서 먹는 것을 완전히 해결한 적은 없다. 《중국연감(1983)》에 의하면

▲북경의 대표 요리 – 북경 오리구이

1959년에서 1961년까지 진행된 대약진운동이 실패함으로써 무려 2400만 명이 굶어죽었다고 한다. 중국 사람들의 먹는 것에 대한 집착은 대단하다. 의·식·주 세 가지 중에서 중국인들은 식을 가장 우선적으로 꼽는다. 그런 영향으로 중국 요리는 다양한 재료를 활용하여 요리를 만들어 내는데 '하늘을 나는 것은 비행기, 네 발 달린 것은 의자를 제외하고는 다 먹는다.'는 우스개 소리도 먹는 것을 중시하는 민족성에서 나온 것이다.

중국 요리의 이름은 요리의 모양이나 처음에 만든 사람 이름 혹은 연관된 지명 등을 사용하기도 하지만 대부분의 요리 이름은 어떤 특징의 요리인지, 조리법과 사용된 재료는 무엇인지, 맛은 어떤지를 대강 알 수 있게 지어져 있다.

중국 음식점에서는 요리가 한번에 나오는 것이 아니라 순서대로 하나씩 나오는데 큰 접시에 요리를 내놓는다. 이것을 회전 탁자 가운데 올려놓고 자기 앞으로 돌려놓은 다음 적당한 양을 덜어 먹는다. 식사 끝에는 탕과 과일(디저트)이 나온다. 그러므로 한 가지 요리를 너무 많이 먹으면 그 다음의 요리는 그야말로 그림의 떡이 되고 만다. 요리를 시킬 때는 여러 사람이 어울려 가면 다양한 요리를 비교적 경제적으로 즐길 수 있다. 중국 음식점에서 요리를 주문할 경우에는 '부야오샹차이(不要香菜)'라고 말하는 것을 잊지 말아야 한다. 이것은 향채를 넣지 말라는 주문으로 향채는 중국 요리의 독특한 향을 내는 고수과의 식물이다. 한국 사람들은 이 냄새 때문에 중국 요리를 먹지 못하는 경우가 많다. 이것을 넣지 않는다면 그런 대로 먹을 만한 중국 요리들이 많다.

喝

喝　喝　喝　喝

hē

口　口ⁿ　叩　叩　喝　喝　喝

喝酒　hē jiǔ　술을 마시다

hē
마시다
[갈]

吃

吃　吃　吃　吃

chī

丨　ㅣ　口　口′　吃　吃

好吃　hǎochī　맛있다

chī
맛있다
[흘]

拿

拿　拿　拿　拿

ná

丿　人　人　合　合　盒　拿

拿去　náqù　가져가다

ná
들다, 가져오다
[나]

会

会　会　会　会

huì

丿　人　亼　今　会　会

聚会　jùhuì　모이다, 회합하다

huì　모이다,
…할 줄 알다
[會 회]

汤

汤　汤　汤　汤

tāng

丶　丶　氵　氵　汤　汤　汤

汤壶　tānghú　보온병

tāng
탕, 국, 끓인 물
[湯 탕]

11. 나는 요리를 할 줄 알아요.

茶
chá
차
[차]

一 十 艹 艾 芥 苓 茶 茶
茉莉花茶　mòlìhuāchá　자스민차

讲
jiǎng
이야기하다
[講 강]

` 讠 讠 讲 讲 讲
讲究　jiǎngjiu　중시하다

说
shuō
말하다
[說 설]

` 讠 讠 讠 讪 说 说
听说　tīngshuō　듣자하니

边
biān 방위사에
붙는 접미사
[邊 변]

フ カ 勿 边 边
一边　yìbiān　…하면서　　　东边　dōngbian　동쪽

进
jìn (앞으로)
나아가다
[進 진]

一 二 井 井 讲 进
请进!　qǐng jìn!　들어오세요.

喂，你好！

여보세요, 안녕하세요!

Text 01 

1 喂，你 好！❶
Wèi nǐ hǎo.

你 找 谁？
Nǐ zhǎo shéi?

您 是 哪 一 位？❷
Nín shì nǎ yí wèi?

· · · · · · · · · · · · · · · · · ·

2 是 你 的 电 话。
Shì nǐ de diànhuà.

请 你 等 一 下。❸
Qǐng nǐ děng yíxià.

占 线 呢。❹
Zhànxiàn ne.

 해설

1 여보세요, 안녕하세요!
당신은 누구를 찾습니까?
당신은 누구시죠?

2 당신의 전화입니다.
잠시만 기다리세요.
통화 중입니다.

1. 여보세요

喂 Wèi

전화 통화 시에 '여보세요'에 해당하는 말이다. '喂'는 원래 성조는 'wèi' 4성이나, 흔히 부드럽게 올려서 'wéi' 2성으로 발음한다.

2. 당신은 누구시죠?

您是哪一位？ Nín shì nǎ yí wèi?

'哪一位'는 '누구'를 묻는 것으로 같은 표현으로는 '谁 shéi'가 있다. '位'는 사람을 세는 양사인데 상대를 높일 때 쓰는 '…분'에 해당한다.

这位是王老师。 Zhè wèi shì Wáng lǎoshī.
이분은 왕 선생님이십니다.

3. 잠시만 기다리세요.

请你等一下。 Qǐng nǐ děng yíxià.

'잠시 기다리세요'로 자주 사용하는 표현이다. 비슷한 표현에 '请你等一会儿'이 있고, '一下'와 '一会儿 yíhuìr'는 모두 짧은 시간을 가리킨다. '一下'는 '좀, 약간'의 뜻으로도 폭넓게 쓰인다.

좀 보아요   看一下 kàn yíxià
좀 들어요   听一下 tīng yíxià

새 단어

喂 wèi 여보세요(전화 상에서는 보통 2성으로 발음함)

找 zhǎo 찾다   来 lái 오다

电话 diànhuà 전화   等 děng 기다리다

一下 yíxià 한번, 좀   占线 zhànxiàn 통화 중이다

呢 ne …중이다(진행을 표시)

3 他 不 在, 明 天 再 打 吧。
Tā bú zài, míngtiān zài dǎ ba.

你 要 留 言 吗?
Nǐ Yào liúyán ma?

请 你 转 告 他 吧。
Qǐng nǐ zhuǎngào tā ba.

. . . .

4 他 打 长 途 电 话。❺
Tā dǎ chángtú diànhuà.

国 际 电 话 费 比 较 贵。
Guójì diànhuàfèi bǐjiào guì.

很 多 人 有 手 机。
Hěn duō rén yǒu shǒujī.

해설

3 그는 없으니, 내일 다시 전화하세요.
당신 말을 남기겠습니까?
그에게 말을 전해 주세요.

4 그는 장거리 전화를 겁니다.
국제 전화요금은 비교적 비쌉니다.
매우 많은 사람이 휴대폰을 가지고 있습니다.

4. 통화 중입니다.

占线呢。　　zhànxiàn ne.

'呢'는 어기조사인데 진행의 뜻을 나타낸다. '占线'은 '통화 중'의 의미인데 내가 전화를 하고 있는 중이라는 의미가 아니라 전화를 걸었는데 상대방이 통화 중이여서 상대방과 연결이 안 되고 있다는 뜻이다.

5. 그는 장거리 전화를 겁니다.

请你等一下。　　Qǐng nǐ děng yíxià.

'打 dǎ' 는 '(전화를) 걸다'에 쓰이는 동사이다. 전화 상황과 관련있는 동사에는 다음과 같은 것이 있다.

전화를 받다　接电话　jiē diànhuà
전화를 끊다　挂电话　guà diànhuà

새 단 어

留言	liúyán	말을 남기다	转告	zhuǎngào	전하여 알리다
长途	chángtú	장거리	打	dǎ	(전화를) 걸다
国际	guójì	국제	费	fèi	요금, 비용
比较	bǐjiào	비교적	手机	shǒujī	휴대폰, 휴대전화

Dialogue 

A : 喂，您那儿是王明德家吗？
Wèi, nín nàr shì Wáng Míngdé jiā ma?

B : 是，你是哪一位？
Shì, nǐ shì nǎ yí wèi?

A : 我是他的朋友李英姬。他在吗？
Wǒ shì tā de péngyou Lǐ Yīngjī.　Tā zài ma?

B : 他在，请你等一下。明德，你的电话。
Tā zài, qǐng nǐ děng yíxià.　Míngdé, nǐ de diànhuà.

C : 喂，我就是明德。
Wèi, wǒ jiù shì Míngdé.

A : 你好, 我是英姬。
Nǐ hǎo, wǒ shì Yīngjī.

C : 你好, 好久不见了, 这几天怎么样啊?
Nǐ hǎo, hǎo jiǔ bú jiàn le, zhè jǐtiān zěnmeyàng a?

A : 比较忙, 我昨天给你打电话, 你不在。
Bǐjiào máng, wǒ zuótiān gěi nǐ dǎ diànhuà, nǐ bú zài.

C : 是吗? 你知不知道我的手机号码? 我告诉你。
Shì ma? Nǐ zhī bù zhīdao wǒ de shǒujī hàomǎ? Wǒ gàosu nǐ.

A : 你有手机吗? 有手机就很方便。 号码呢?
Nǐ yǒu shǒujī ma? Yǒu shǒujī jiù hěn fāngbiàn. Hàomǎ ne?

C : 零一零 - 二三四五 - 六七八九。
Líng yāo líng - èr sān sì wǔ - liù qī bā jiǔ.

A : 好, 我们多联系吧。
Hǎo, wǒmen duō liánxì ba.

해석

A : 여보세요, 거기는 왕명덕 집입니까?
B : 네, 당신은 누구세요?
A : 저는 명덕이 친구 이영희라고 합니다. 명덕이 있어요?
B : 있어요, 잠시 기다리세요. 명덕아, 네 전화야.
C : 여보세요, 제가 바로 명덕인데요.
A : 안녕, 나 영희야.
C : 안녕, 오랫동안 못 만났구나. 요며칠 어떻게 지내니?
A : 좀 바빠, 나 어제 너한테 전화했었는데, 너 없더라.
C : 그랬니? 너 내 휴대폰 번호 모르니? 내가 알려줄게.
A : 너 휴대폰 있니? 휴대폰이 있으면 아주 편리하지. 번호는?
C : 010-2345-6789야.
A : 좋아, 우리 자주 연락하자.

보충단어

朋友 péngyou 친구
久 jiǔ 오래
号码 hàomǎ 번호
告诉 gàosu 알리다
幺 yāo 1(번호에서 '一 yī'와
'七 qī'의 발음 혼동을 피
하기 위해서 씀. '一'로
쓰고 'yāo'로 발음하기도
함.)

✽ 양사

양사는 사물의 수량 단위나 동작의 횟수 단위를 표시한다. 중국어는 양사가 특히 발달하여 종류가 아주 많다. 중국어에서 수사와 명사, 동사와 수사가 함께 쓰인 경우에는 수사 뒤에 반드시 양사가 와야 한다.

1. 명량사 사물을 지칭하는 명사를 세는 단위이다.

- **个** gè : 개(사람, 물건, 전용 양사가 없는 명사에 쓰임)

  您看这**个**好吗? Nín kàn zhège hǎo ma?
  당신이 보기에 이것이 좋습니까?

- **位** wèi : 명, 분(사람)

  去看一**位**朋友。 Qù kàn yí wèi péngyou.
  친구 한 분을 보러 가다.

- **本** běn : 권(책, 잡지 등)

  有一**本**小说在这儿。 Yǒu yì běn xiǎoshuō zài zhèr.
  한 권의 소설이 여기에 있다.

- **件** jiàn : 벌, 건(옷, 사건 등)

  我买一**件**衣服。 Wǒ mǎi yí jiàn yīfu.
  나는 옷 한 벌을 샀다.

- **张** zhāng : 장(종이, 책상, 탁자 등 표면이 넓고 평평한 것)

  有一**张**地图。 Yǒu yì zhāng dìtú.
  지도 한 장이 있다.

168

2. 동량사　동작의 횟수를 세는 단위다.

- **次** cì , **回** huí : 번, 회(반복적인 동작)

我去了那儿一**次**。　Wǒ qù le nàr yí cì.
나는 거기에 한 번 갔다.

- **遍** biàn : 번(어떤 과정의 처음부터 끝까지 전과정)

请再说一**遍**。　Qǐng zài shuō yí biàn.
다시 한 번 말해 주세요.

- **趟** tàng : 번(왕복해서 오가는 동작)

我去了一**趟**上海。　Wǒ qù le yí tàng Shànghǎi.
나는 상해에 한 번 갔었다.

- **下** xià : 번, 차례(비교적 짧고 가벼운 느낌)

我们来介绍一**下**。　Wǒmen yě jièshào yíxià.
우리도 좀 소개 할게.

- **顿** dùn : 번(먹고 마시는 동작, 언어활동, 꾸중 등)

老师说了他一**顿**。　Lǎoshī shuō le tā yí dùn.
선생님께서 그를 한 번 꾸짖으셨다.

2. 부정량사　정해지지 않은 양을 센다.

- **些** xiē : 약간, 조금(부정량)

学校有一**些**学生。　Xuéxiào yǒu yìxiē xuésheng.
학교에 약간의 학생이 있다.

- **点儿** diǎnr : 약간, 조금(소량)

我吃了**点儿**菜。　Wǒ chī le diǎnr cài.
나는 약간의 음식을 먹었다.

전화 관련 용어

(02) 9876-5432

电话号码 diànhuà hàomǎ 전화번호

区域号码 qūyù hàomǎ 지역번호

天线 tiānxiàn 안테나

显示屏 xiǎnshìpíng 본체 화면

拨号键 bōhàojiàn 통화 버튼

手机 shǒujī 휴대전화

取消键 qǔxiāojiàn 취소 버튼

听筒 tīngtǒng 수화기

电话机 diànhuàjī 전화기

号码盘 hàomǎpán 다이얼

听筒软线 tīngtǒng ruǎnxiàn 수화기 코드

话筒 huàtǒng 송화기

● 중국에서 한국으로 전화하기

　(국제 인식 번호)-(한국 국가번호 82)-(앞자리 0을 제외한 지역번호)-(전화번호)
　: 중국에서 한국 서울(02)의 987-6543으로 걸 경우 : 00＊-82-2-987-6543

● 중국에서 한국으로 콜렉트콜로 전화하기

　108821 : 한국통신 / 108858 : 데이콤
　중국에서 위 번호로 전화를 하면 해당 교환원이 전화를 받는다. 이때 수신자 부담임
　을 알리고 상대방 전화번호를 대면 잠시 후에 통화할 수 있다.

● 한국에서 중국으로 전화하기

　(국제 인식 번호)-(중국 국가번호 86)-(앞자리 0을 제외한 지역번호)-(전화번호)
　: 한국에서 중국 베이징(010)의 987-6543으로 걸 경우 : 00＊-86-10-987-6543

전화 관련 어휘

市内电话	shìnèi diànhuà	시내전화
长途电话	chángtú diànhuà	장거리전화
国内电话	guónèi diànhuà	국내전화
国际电话	guójì diànhuà	국제전화
叫号电话	jiàohào diànhuà	외국으로 직접 통화하는 전화
对方付款的电话	duìfāng fùkuǎn de diànhuà	콜렉트콜
国际电话台	guójì diànhuàtái	국제전화 오퍼레이터
挂号	guàhào	신청하다, 접수하다
自己付	zìjǐ fù	본인 지불
电话亭	diànhuàtíng	전화박스
内线	nèixiàn	구내전화
总机	zǒngjī	교환
电话线	diànhuàxiàn	전화선
电话卡	diànhuàkǎ	전화카드
耳机插口	ěrjī chākǒu	이어폰 잭
电话串线	diànhuà chuànxiàn	전화가 혼선되다

1. 다음 빈칸에 필요한 것을 고르시오.

来　留　打　一下

(1) 他＿＿＿＿长途电话。

(2) 请你等＿＿＿＿。

(3) 你要＿＿＿＿言吗?

(4) ＿＿＿＿了你的电话。

来 lái　오다
留 liú　남겨두다
打 dǎ　전화를 걸다
一下 yíxià　좀 …해보다

2. 다음 빈칸에 알맞은 말을 넣으시오.

(1)	喂	wèi	
(2)		zhǎo	찾다
(3)	占线	zhànxiàn	
(4)	转告		전하여 알리다
(5)		chángtú	장거리
(6)	国际		국제

3. 다음을 중국어로 쓰시오.

(1) 다시　再
(2) 요 며칠　这几天

(1) 그는 없으니, 내일 다시 전화하세요.

→

(2) 오래간만이군요, 요 며칠 어떻습니까?

→

해답

1. (1) 打　(2) 一下　(3) 留　(4) 来
2. (1) 여보세요　(2) 找　(3) 통화중이다　(4) zhuǎngào　(5) 长途　(6) guójì
3. (1) 他不在,明天再打吧。　(2) 好久不见了,这几天怎么样?

중국의 차 (茶) 문화

중국의 차(茶 chá)는 4천 년의 역사를 가지고 있다. 공공장소에는 찻잎만 있으면 언제든지 차를 마실 수 있도록 끓는 물이 준비되어 있으며 가정집을 방문하면 제일 먼저 나오는 것도 차다. 그러면 왜 이처럼 차를 중시하는 것일까? 혹자는 물이 좋지 않아서라고 하지만 사실은 그렇지 않다. 중국에는 명산 · 명천(名泉)이 수도 없이 많고 '산에서 나는 물이 제일 좋고 다음은 강물이며 그 다음은 우물물이다.'라는 얘기도 있다. 단지 식수를 해결하기 위해서였다면 이런 구분은 나오지 않았을 것이다. 그들이 차를 즐긴 까닭은 생활의 여유를 추구하기 위해서였다. 차를 마심으로써 개인의 수양은 물론 인생을 논했던 것이다.

차는 차나무에서 어린잎을 따서 가공한 찻잎이나 찻잎가루 혹은 차 덩어리를 말한다. 따라서 나무껍질이나 열매, 뿌리 를 끓여 만든 인삼차, 생강차 등은 엄격히 말하면 차가 아니라 탕이라고 할 수 있다. 중국 차의 이름은 차를 채취하는 시기나 방법 · 색깔 · 형태 · 지명 등에 따라 다르다. 이를 테면 우전차는 곡우 전에, 명전차는 청명 전에 채취하는 차를 말하며 홍차 · 녹차 · 백차는 색깔로, 직설차와 말차는 형태에 따라서 구분한 것이다. 이외에 차의 맛은 토질과 기후의 영향을 받기 때문에 이름에 지명을 딴 것이 많다.

차의 종류는 크게 여섯 가지로 나누는데 역사가 가장 길고 생산량이 가장 많으며, 품종이 다양한 것은 녹차이다. 용정차(龙井茶 Lóngjǐngchá), 벽라춘차 등 90여 종이 유명하다. 항주 롱징 차밭의 특산물인 용정차는 차 중의 으뜸으로 청나라 때에는 황실에서만 마실 수 있었다. 홍차 중의 명차는 기(祁 qí)홍차, 영(英 yīng)홍차이다. 오룡차는 홍차처럼 향기가 짙으며 녹차처럼 맛이 산뜻하다. 안계철관음, 봉황단총 등이 유명하다. 백차는 은빛 찬 물색이 우아하고 담백하며 쓸개와 위에 좋다. 화차는 향편차라고도 한다. 생화를 가지고 찻잎을 훈제한 것으로 북방지역에서 즐겨 마신다. 긴압차는 보통 차 잎이나 차나무 가지로 먼저 흑차나 홍차 또는 화차를 만들고 그것을 원료로 다시 만든다. 보이(普耳 pǔěr), 육보(六堡 liùbǎo)가 긴압차 중의 명품이다.

차를 마실 때는 상대방의 잔에 물이 빌 경우 계속 따라주는 것이 예의이다.

喂
wèi
여보세요
[위]

喂　喂　喂　喂
wèi

口　叮　叨　吧　咽　哩　喂

喂，你好！　wèi, nǐ hǎo!　여보세요, 안녕하세요!

等
děng
기다리다
[등]

等　等　等　等
děng

ゝ　ゝゝ　竺　竺　笙　等　等

姓等待　děngdài　기다리다

机
jī
기계, 기기
[機 기]

机　机　机　机
jī

一　十　才　木　利　机

手机　shǒujī　휴대폰, 핸드폰

找
zhǎo
찾다, 거스르다
[조]

找　找　找　找
zhǎo

一　十　扌　才　扰　找　找

找零钱　zhǎo língqián　잔돈을 거슬러 주다

打
dǎ (전화를)
걸다, 때리다
[타]

打　打　打　打
dǎ

一　十　扌　扩　打

打电话　dǎ diànhuà　전화를 걸다

号
hào 번호, 신호, 사이즈
[號 호]

号　号　号　号
hào
丶 口 口 므 号
号码 hàomǎ 번호

来
lái 오다
[來 래]

来　来　来　来
lái
一 丷 丷 口 므 平 来 来
来往 láiwǎng 오고 가다, 왕래하다

话
huà 말(하다), 이야기(하다)
[話 화]

话　话　话　话
huà
丶 讠 订 讵 评 评 话 话
电话 diànhuà 전화

费
fèi 소비하다, 요금, 비용,
[費 비]

费　费　费　费
fèi
一 二 弓 弗 弗 弗 费
费用 fèiyòng 요금, 비용

转
zhuǎn 전하다
[轉 전]

转　转　转　转
zhuǎn
一 土 圡 车 轩 转 转
转告 zhuǎngào 전하여 알리다

学汉语很有意思。

중국어를 배우는 것은 아주 재미있습니다.

Text 01

1
학에 한위 헌 여우 이쓰
学 汉 语 很 有 意 思。❶
Xué Hànyǔ hěn yǒu yìsi.

타 쉬에 더 헌 콰이
他 学 得 很 快。❷
Tā xué de hěn kuài.

쭈에이 하오 뚜어 팅 뚜어 슈어
最 好 多 听 多 说。
Zuì hǎo duō tīng duō shuō.

. . . .

2
카이 스 더 스 허우 헌 난
开 始 的 时 候 很 难。
Kāishǐ de shíhou hěn nán.

시엔 짜이 팅 루인 너
现 在 听 录 音 呢。
Xiànzài tīng lùyīn ne.

워 쥐에 더 파 인 헌 난
我 觉 得 发 音 很 难。
Wǒ juéde fāyīn hěn nán.

해설

1 중국어를 배우는 것은 아주 재미있습니다.
그는 아주 빠르게 배웁니다.
많이 듣고 많이 말하는 것이 가장 좋습니다.

2 시작할 때는 아주 어렵습니다.
지금은 녹음을 듣고 있습니다.
나는 발음이 아주 어렵다고 생각합니다.

176

1. 아주 재미있습니다.

很有意思。　Hěn yǒu yìsi.

'意思'는 '재미', '의미' 등의 뜻을 갖고 있다.

没有意思。　Méiyǒu yìsi.
재미 없다.

什么意思？　Shénme yìsi?
무슨 뜻입니까?

2. 그는 아주 빠르게 배웁니다.

他学得很快。　Tā xué de hěn kuài.

'得'의 쓰임은 '学' 동사 뒤에 '很快'를 연결시키는 조사 역할이다. 이 때 '很快'는 동작·행위의 정도를 보충하는 성분으로 정도보어이다. '得'는 '···하게'로 해석되어 이 문장은 '아주 빠르게 배운다'가 된다.

새 단어

汉语	Hànyǔ 중국어	有意思	yǒu yìsi 재미있다
学	xué 학습하다, 배우다	得	de 조사
开始	kāishǐ 시작하다	难	nán 어렵다
录音	lùyīn 녹음	觉得	juéde 느끼다, 생각하다
发音	fāyīn 발음(하다)		

Text 02

3
셔 머　스 허우　카오 스
什 么 时 候 考 试?
Shénme shíhou kǎoshì?

준 뻬이　더　쩐 머 양
准 备 得 怎 么 样?
Zhǔnbèi de zěnmeyàng?

여우　메이 여우　원 티
有 没 有 问 题?
Yǒu mei yǒu wèntí?

. . . .

4
비에　자오 지　만 마-알　라이　바
别 着 急, 慢 慢 儿 来 吧。❸
Bié zháojí, mànmānr lái ba.

푸 시　허　위 시　떠우　헌　쫑 야오
复 习 和 预 习 都 很 重 要。
Fùxí hé yùxí dōu hěn zhòngyào.

요우　원 티　더　화　지우　껀　워　슈어
有 问 题 的 话, 就 跟 我 说。❹
Yǒu wèntí dehuà, jiù gēn wǒ shuō.

📖 **해설**

3 언제 시험을 봅니까?
준비 상황은 어떻습니까?
문제가 있습니까?

4 초조해하지 말아요, 천천히 하세요.
복습과 예습은 모두 아주 중요합니다.
문제가 있으면, 곧 내게 말하세요.

178

3. 초조해하지 마세요, 천천히 하세요.

别着急, 慢慢儿来吧。　Bié zháojí, mànmānr lái ba.

'别'는 금지를 나타내는 부사로서 '…하지 마라'에 해당한다.

别看电影。　Bié kàn diànyǐng.
영화를 보지 마라.

'慢慢儿(mànmānr)'은 형용사 '慢'이 중첩되고, '儿化'된 것으로 뜻은 '천천히'가 된다. 중첩 사용된 둘째 '慢'은 제1성으로 읽는 데 유의해야 한다.

4. 문제가 있으면 바로 제게 말하세요.

有问题的话, 就跟我说。　Yǒu wèntí de huà, jiù gēn wǒ shuō.

'…的话'는 가정을 나타내어 '…라면', '…한다면'에 해당한다. 일반적으로 뒤의 절에는 부사 '就'가 쓰여 접속 작용을 한다.
위 문장은 '질문이 있으면 바로 내게 말하라.'로 해석도 가능하다

你有钱的话, 就买这个吧。
Nǐ yǒu qián de huà, jiù mǎi zhège ba.
네가 돈이 있으면, 이것을 사라.

새 단어

考试	kǎoshì	시험보다	准备	zhǔnbèi	준비하다
问题	wèntí	문제	别	bié	…하지 마라
着急	zháojí	초조해하다	慢	màn	느리다
复习	fùxí	복습하다	预习	yùxí	예습하다
重要	zhòngyào	중요하다	的话	…dehuà	…라면

Dialogue

A : 你今天有没有汉语课？
Nǐ jīntiān yǒu mei yǒu Hànyǔ kè?

B : 有两节课。
Yǒu liǎng jié kè.

A : 你觉得汉语有意思吗？
Nǐ juéde Hànyǔ yǒu yìsi ma?

B : 现在很有意思。　但是，开始的时候很难。
Xiànzài hěn yǒu yìsi.　Dànshì, kāishǐ de shíhou hěn nán.

A : 你觉得最难的是什么？
Nǐ juéde zuì nán de shì shénme?

B : 就是发音。
Jiùshì fāyīn.

A : 那么，最好多听多说。
Nàme, zuì hǎo duō tīng duō shuō.

你什么时候考试？
Nǐ shénme shíhou kǎoshì?

B : 明天考试。
Míngtiān kǎoshì.

A : 你准备得怎么样?
Nǐ zhǔnbèi de zěnmeyàng?

B : 现在刚开始复习。 我着急死了。
Xiànzài gāng kāishǐ fùxí.　　　Wǒ zháojí sǐ le.

A : 你别着急,慢慢儿来吧。
Nǐ bié zháojí, mànmānr lái ba.

有问题的话,就跟我说。
Yǒu wèntí de huà, jiù gēn wǒ shuō.

B : 好, 谢谢你。
Hǎo, xièxie nǐ.

해석

A : 너 오늘 중국어 수업 있니?

B : 두 시간 있어.

A : 너 중국어가 재미있니?

B : 지금은 아주 재미있어. 하지만 시작할 때는 아주 어려웠어.

A : 너는 가장 어려운 것이 뭐라고 생각하니?

B : 바로 발음이야.

A : 그렇다면 많이 듣고 많이 말하는 것이 가장 좋아.
　　너 언제 시험보니?

B : 내일 시험봐.

A : 너 준비 상황은 어떠니?

B : 지금 막 복습을 시작했어. 나는 정말로 초조해.

A : 초조해하지 말고 천천히 해.
　　문제가 있으면 나한테 말하고.

B : 알았어, 고마워.

보충단어

课 kè 수업

节 jié 수업을 세는 단위

那么 nàme 그렇다면

刚 gāng 막, 방금

着急死了 zháojí sǐ le
　　초조해 죽겠다(구어체 표현)

死 sǐ 죽다, 어떤 정도가 극에
　　달함

✻ 정도보어

동작이 어떤 형태로 행해졌는가 혹은 어떤 상태에 이르렀는가를 보충 설명해 주는 말을 정도보어라고 한다. 동사와 정도보어 사이는 구조조사 '得'로 연결하며, 보통 형용사가 정도보어가된다. (때때로 동사 혹은 주술구가 정도보어가 되는 경우도 있다)

- 他今天起得很早。 Tā jīntiān qǐ de hěn zǎo.
  그는 오늘 아주 일찍 일어났다.

- 他走得很快。   Tā zǒu de hěn kuài.
  그는 아주 빠르게 걷는다.

1. 정도보어를 가진 문장의 부정형은 정도보어 앞에 부정부사 '不'를 붙인다. 이 때 '不'를 동사 앞에 놓지 않도록 주의해야 한다. 또한 정반의문문도 보어의 긍정형과 부정형을 병렬해야 한다.

- 他今天起得不早。 Tā jīntiān qǐ de bù zǎo.
  그는 오늘 일찍 일어나지 않았다.

- 他走得快不快? Tā zǒu de kuài bu kuài?
  그는 빠르게 걷습니까, 그렇지 않습니까?

2. 동사가 목적어를 수반하고 있을 때 정도보어를 덧붙이려면 목적어 뒤에 동사를 반복하고 그 뒤에 정도보어를 넣어야 한다.

- 他学汉语学得很快。   Tā xué Hànyǔ xué de hěn kuài.
  그는 중국어를 아주 빨리 배운다.

목적어를 강조하려 하거나 목적어가 비교적 길고 복잡한 경우 이를 동사 앞이나 주어 앞에 놓을 수 있다. 정도보어를 가진 문장에서 목적어를 앞에 둘 경우 동사를 반복할 필요가 없다.

- 他汉语学得很快。   Tā Hànyǔ xué de hěn kuài.
  그는 중국어를 아주 빨리 배운다.

여러 가지 음식

面条儿 miàntiáor 국수

泡菜 pàocài 김치

包子 bāozi 포자만두

比萨饼 bǐsàbǐng 피자

炸鸡 zhájī
프라이드 치킨

生鱼片 shēngyúpiàn 생선회

面包 miànbāo 빵, 식빵

汉堡包 hànbǎobāo 햄버거

여러 가지 음식

炸酱面 zhájiàngmiàn 자장면	糖醋肉 tángcùròu 탕수육
豆芽菜 dòuyácài 콩나물	参鸡汤 shēnjītāng 삼계탕
烤肉 kǎoròu 불고기	炒饭 chǎofàn 볶음밥
油条 yóutiáo 꽈배기튀김	烧饼 shāobing 소병
月饼 yuèbǐng 월병	饺子 jiǎozi 교자만두
松饼 sōngbǐng 송편	绿豆煎饼 lǜdòu jiānbǐng 녹두전병
紫菜包饭 zǐcài bāofàn 김밥	米饭 mǐfàn 쌀밥
海带汤 hǎidàitāng 미역국	年糕 niángāo 설떡

1. 다음 빈칸에 필요한 것을 고르시오.

> 的话　别　得　什么

(1) 准备______怎么样?

(2) ______着急, 慢慢儿来吧。

(3) ______时候考试?

(4) 有问题______, 就跟我说。

1
的话 de huà …하다면
别 bié …하지 마라
得 de 동사와 형용사의
　　뒤에 쓰여 결과나
　　정도를 표시하는 보
　　어를 연결시키는 역
　　할을 함
什么 shénme 무엇,
　　어떤

2. 다음 빈칸에 알맞은 말을 넣으시오.

(1)	意思		재미
(2)	开始	kāishǐ	
(3)		fāyīn	발음하다
(4)	考试	kǎoshì	
(5)		juéde	느끼다, 생각하다
(6)	录音		녹음

3. 다음을 중국어로 쓰시오.

(1) 많이 듣고 많이 말하는 것이 가장 좋습니다.

→

(2) 문제가 있습니까? / 질문이 있습니까?

→

3
(1) 듣다 听
(2) 질문, 문제 问题

해답

1. (1) 得　(2) 别　(3) 什么　(4) 的话
2. (1) yìsi　(2) 시작하다　(3) 发音　(4) 시험보다　(5) 觉得　(6) lùyīn
3. (1) 最好多听多说。　(2) 有没有问题? / 有问题吗?

중국
엿보기

중국의 표준어 보통화 (普通话)

중국은 한족(汉族 Hànzú)을 포함한 56개 민족으로 구성되어 있고 소수민족 가운데 여러 민족들은 자신들의 언어를 가지고 있다. 기본적으로 한족의 언어인 한어(汉语 Hànyǔ)를 중국의 국어로 사용하고 있지만 중국이라는 땅덩어리가 너무나도 광대한 지역이다보니 각 지역은 나름대로의 방언을 갖게 되었고 같은 한족일지라도 다른 지역 사람들과의 의사 소통이 이루어지지 않는 경우가 많았다. 예를 들면, 거의 믿기 힘들지만 북경 사람과 광동 사람이 대화를 할 때 서로 상대방이 무슨 말을 하는지 전혀 알지 못한다고 한다. 그렇지만 이 두 사람은 틀림없이 자신은 한족이며 자기가 말하고 있는 것은 한어라고 믿고 있다. 이러한 실정 때문에 소수민족과 한족, 혹은 한족과 한족간의 의사소통을 위해서 한어 가운데에서도 공통어가 필요하게 되었다.

위의 예와 같이 한족끼리의 의사를 소통하기 위해서도, 복잡 다양한 중국어에는 공통어가 필요한 것이다. 중국에서는 공통어를 보통화(普通话 pǔtōnghuà)라고 부르는데, 중국의 표준어 제정 규정을 보면 "북경음을 표준음으로 하고, 북방방언을 기초방언으로 하여 모범적인 현대 백화(白话)에 의한 저작(著作)을 문법적 규범으로 하는 한민족(汉民族)의 공통어"로 정하고 있다. 이 정의를 통해 표준어의 발음, 어휘, 문법상의 범위를 설정하고 있는 것이다. 중국어는 입말과 글말이 큰 차이를 보이는데 '백화(白话 báihuà)'는 입말을, '문언(文言 wényán)'은 글말을 의미한다. 일상적인 구어에서는 주로 '백화'를 쓴다.

텔레비전, 라디오 방송, 학교 교육에도 이 보통화가 사용되고 있으며, 그 보급도는 상당히 높다. 우리가 일반적으로 중국어라고 하는 것은 이 보통화이다. 조금이라도 보통화를 말할 수 있다면 중국 어느 곳에 가도 대체로 통할 수 있다.

急

jí
급하다
[급]

急　急　急　急

丶 丿 夕 夕 刍 急 急

急忙　zháojí　급하다, 바쁘다, 분주하다

得

de 조사(가능, 결과, 정도)
[득]

得　得　得　得

彳 彳 彳 彳 彳 得 得 得

觉得　juéde　…라고 느끼다, 생각하다

慢

màn
느리다
[만]

慢　慢　慢　慢

丶 忄 忄 忄 悍 悍 慢 慢

慢慢　mànmān　천천히, 차츰

开

kāi
열다
[開 开]

开　开　开　开

一 二 于 开

开门　kāimén　문을 열다, 개점하다

始

shǐ
시작, 처음
[시]

始　始　始　始

乚 夕 女 妁 妎 始 始

开始　kāishǐ　시작하다

13. 중국어를 배우는 것은 아주 재미있습니다.

准 zhǔn 표준, 정확하다
[準 준]

准 准 准 准
zhǔn

丶丬丬丬丬丬准准
准备 zhǔnbèi 준비(하다)

着 zháo, zhe 느끼다, 동작의 진행
[着 착]

着 着 着 着
zháo

丷丷丷丷羊羊着着
着急 zháojí 초조해하다

习 xí 연습하다
[習 습]

习 习 习 习
xí

フ习习
复习 fùxí 복습(하다)

刚 gāng 이제, 막, 지금
[剛 강]

刚 刚 刚 刚
gāng

丨刀刀冈冈刚刚
刚刚 gānggāng 막, 방금, 얼마 전에

汉 Hàn 한나라
[漢 한]

汉 汉 汉 汉
Hàn

丶丶氵汉汉
汉语 Hànyǔ 중국어, 한어

Part. 14　你在这儿借过书吗?

당신은 여기에서 책을 빌린 적이 있습니까?

Text 01

1　你 在 这儿 借 过 书 吗?❶

Nǐ zài zhèr jiè guo shū ma?

现 在 可 以 借 书 吗?

Xiànzài kěyǐ jiè shū ma?

当 然 可 以。

Dāngrán kěyǐ.

· · · · · · · · · · · · · · · · · ·

2　你 要 借 什 么 书?

Nǐ yào jiè shénme shū?

你 带 来 借 书 证 了 吗?❷

Nǐ dài lái jièshūzhèng le ma?

那 本 书 让 人 借 走 了。❸

Nà běn shū ràng rén jiè zǒu le.

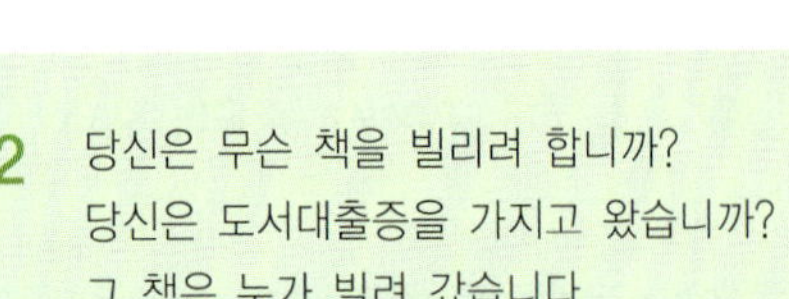

해설

1　당신은 여기에서 책을 빌린 적이 있습니까?
지금 책을 빌릴 수 있습니까?
물론 됩니다.

2　당신은 무슨 책을 빌리려 합니까?
당신은 도서대출증을 가지고 왔습니까?
그 책은 누가 빌려 갔습니다.

1. 당신은 여기에서 책을 빌린 적이 있습니까?

你在这儿借过书吗？　　Nǐ zài zhèr jièguo shū ma?

'过'는 경험태 조사로서 '…한 적이 있다'의 표현이다. 과거의 경험을 강조하는 데 쓰이며 동사의 뒤에 붙이고 경성으로 읽는다.

你看过他吗？　Nǐ kànguo tā ma?
당신은 그를 본 적이 있습니까?

我没看过他。　Wǒ méi kànguo tā.
나는 그를 본 적이 없습니다.

때로는 '了'와 함께 쓰여 '…하였다'로 해석하는 것이 더 나은 경우도 있다.

你吃过饭了吗？　Nǐ chīguo fàn le ma?
당신은 식사를 하셨습니까?

2. 당신은 도서대출증을 가져 오셨습니까?

你带来借书证了吗？　　Nǐ dài lái jièshūzhèng le ma?

'带'가 '가지다, 지니다'의 뜻의 동사, '借书证'은 목적어, '来'는 동작의 방향을 보충하는 방향보어로 쓰였다. '도서대출증을 가지고 오다'로 해석되는데, 이같이 중국어에서는 동작의 방향을 표시하는 방향보어의 활용범위가 아주 넓다.

借 jiè 빌리다
书 shū 책
带(来) dài(lái) 가져오다
让 ràng …에 의하여 (~되다)

过 guo …적이 있다 (과거의 경험을 나타내는 조사)
当然 dāngrán 당연히, 물론
借书证 jièshūzhèng 도서대출증, 도서대출카드

3

워 커이 찌에 뚜어 창 스 지엔
我 可 以 借 多 长 时 间?
Wǒ kěyǐ jiè duōcháng shíjiān?

션 머 스 허우 환
什 么 时 候 还?
Shénme shíhou huán?

츠 디엔 뿌 넝 찌에
词 典 不 能 借。
Cídiǎn bù néng jiè.

. . . .

4

뛔이 부 치
对 不 起。 ❹
Duì bu qǐ.

메이 꾸안 씨
没 关 系。
Méi guānxi.

부 커 치
不 客 气。
Bú kèqi.

 해설

3 얼마 동안 빌릴 수 있습니까?
언제 반납합니까?
사전은 빌릴 수 없습니다.

4 미안합니다.
괜찮습니다.
천만에요.

3. 그 책은 누가 빌려갔습니다.

那本书让人借走了。　　Nà běn shū ràng rén jiè zǒu le.

피동문 형식이다. '让'은 피동의 전치사로서 '…에 의해'라고 해석하며, '그 책은 누구에 의해 빌려가졌습니다.'가 된다. 피동식의 해석이 어색하면 '그 책을 누가 빌려갔습니다.'와 같이 능동으로 해석해도 무난하다. 그밖의 피동 전치사로 '被 bèi', '叫 jiào' 등이 있다.

　　我被他打了。　Wǒ bèi tā dǎ le.
　　나는 그에게 맞았다.

4. 미안합니다. / 상관 없어요. / 사양하지 마세요.

对不起。 / 没关系。 / 不客气。　　duì bu qǐ / méi guānxi / bú kèqi

이들은 모두 예의를 차리는 말인 '客套话 kètàohuà'에 속한다. 미안함을 표현할 때는 '对不起' 말고도 '抱歉 bàoqiàn'이 있다. '没关系'는 사과에 대한 응답이고, '不客气'는 감사에 대한 응답으로 쓰인다.

새단어

长 cháng 길다	**时间** shíjiān 시간
还 huán 반환하다 (还书 ; 책을 반납하다)	**词典** cídiǎn 사전
对不起 duìbuqǐ 미안합니다	**没关系** méi guānxi 괜찮습니다
不客气 bú kèqi 천만에요	

〖 **在图书馆** zài túshūguǎn 〗

니 짜이 쩌-얼 찌에 궈 슈 마
A： 你在这儿借过书吗?
Nǐ zài zhèr jièguo shū ma?

메이 여우 씨엔 짜이 커 이 찌에 슈 마
B： 没有, 现在可以借书吗?
Méiyǒu, xiànzài kěyǐ jiè shū ma?

땅란 커 이   니 따이 찌에 슈 쩡 라이 러 마
A： 当然可以。 你带借书证来了吗?
Dāngrán kěyǐ.　　Nǐ dài jièshūzhèng lái le ma?

따이 라이 러
B： 带来了。
Dài lái le.

니 야오 찌에 션머 슈
A： 你要借什么书?
Nì yào jiè shénme shū?

워 시앙 찌에   홍 러우 멍
B： 我想借《红楼梦》。
Wǒ xiǎng jiè《Hónglóumèng》.

니 덩 이 시아 워 취 나   뛔이 부 치   나 번 슈 랑 런 찌에 저우 러
A： 你等一下, 我去拿。 对不起, 那本书让人借走了。
Nǐ děng yīxià, wǒ qù ná.　　Duìbuqǐ, nà běn shū ràng rén jiè zǒu le.

나 머   워 하이 시앙 찌에 이 번 잉원 츠 디엔
B： 那么, 我还想借一本英文词典。
Nàme, Wǒ hái xiǎng jiè yī běn Yīngwén cídiǎn.

뛔이 부 치   츠 디엔 뿌 넝 찌에
A： 对不起, 词典不能借。
Duì bu qǐ, cídiǎn bù néng jiè.

B : 没关系，那我只好买一本。 谢谢。

Méi guānxi, nà wǒ zhǐhǎo mǎi yī běn.　　Xièxie.

A : 不客气。

Bú kèqi.

해석

(도서관에서)

A : 당신은 여기서 책을 빌린 적이 있습니까?

B : 없어요, 지금 책을 빌릴 수 있습니까?

A : 물론 됩니다. 당신은 도서대출카드를 가지고 왔습니까?

B : 가져왔습니다.

A : 당신은 무슨 책을 빌리려고 합니까?

B : 저는 《홍루몽》을 빌리려고 합니다.

A : 좀 기다리세요. 제가 가서 가져오겠습니다.
　　미안합니다. 그 책은 누가 빌려 갔습니다.

B : 그렇다면 나는 또한 영어 사전을 빌리고 싶습니다.

A : 미안합니다. 사전은 빌릴 수가 없습니다.

B : 괜찮습니다. 그럼 제가 한 권 사는 수밖에 없겠군요.
　　고맙습니다.

A : 천만에요.

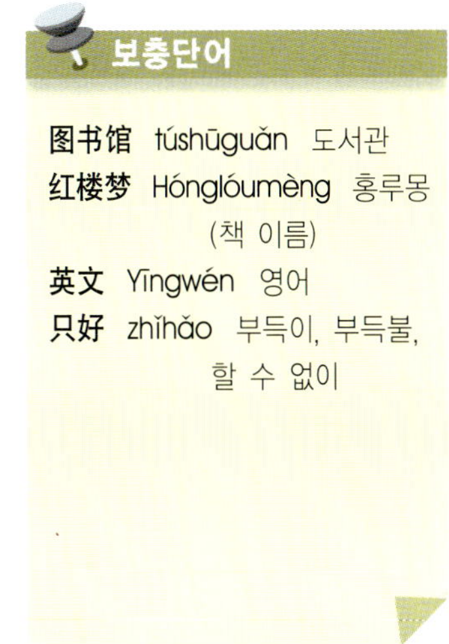

✳방향보어

동사 뒤에 놓여 그 동작이 이루어지는 방향을 보충 설명하는 말을 방향보어라 한다. 흔히 '来'와 '去'가 방향보어로 자주 쓰이는데, 어떤 동작이 말하는 사람을 향해서 진행될 때는 동사 뒤에 '来'를 붙이고 그 반대로 진행될 때는 동사 뒤에 '去'를 붙인다.

동사+来 / 동사+去

- 我回来了。 Wǒ huí lái le.
  나는 돌아왔다.

- 他昨天回去了。 Tā zuótiān huí qù le.
  그는 어제 돌아갔다..

방향보어를 지닌 동사가 목적어를 갖는 경우 일반적으로 동사와 방향보어 사이에 목적어를 둔다. 특히 목적어가 장소를 나타내는 말일 때 목적어는 반드시 동사와 방향보어 사이에 놓아야만 한다.

- 他回家去了。(≠他回去家了。) Tā huí jiā qù le.(≠Tā huí qù jiā le)
  그는 집에 돌아갔다.

'来'와 '去'는 1음절의 단순방향보어인 반면, 복합방향보어로서 '上来, 上去, 下来, 下去, 出来, 出去, 进来, 进去, 回来, 回去, 过来, 过去, 起来'등이 있다.

- 那个人走进去。 Nàge rén zǒu jìnqù.
  그 사람은 걸어 들어갔다.

- 我想起来了。 Wǒ xiǎng qǐlái le.
  나는 생각이 떠올랐다.(생각해 냈다)

책 관련 용어

도서관 관련 용어

阅览室 yuèlǎnshì 열람실	借书处 jièshūchù 도서대출처
借书单 jièshūdān 도서대출 신청서	还书日期 huánshū rìqī 반납일자
开馆 kāiguǎn (도서관 등을) 개관하다	闭馆 bìguǎn 닫다, 폐관하다
书库 shūkù 서고	书架 shūjià 서가
报纸架 bàozhǐjià 신문대	杂志架 zázhìjià 잡지대
全集 quánjí 전집	选集 xuǎnjí 선집
存包柜 cúnbāoguì 사물함	目录厅 mùlùtīng 목록실
目录卡片柜 mùlù kǎpiànguì 목록카드함	目录卡片 mùlù kǎpiàn 목록카드
开架阅览室 kāijià yuèlǎnshì 개가식 열람실	管理员 guǎnlǐyuán 관리원, 사서

1. 다음 빈칸에 필요한 것을 고르시오.

> 多　不能　过　让

(1) 词典______借。

(2) 那本书____人借走了。

(3) 你在这儿借____书吗?

(4) 我可以借____长时间?

2. 다음 빈칸에 알맞은 말을 넣으시오.

(1)　还　　[　　]　　반환하다

(2)　借书证　jièshūzhèng　[　　]

(3)　[　　]　dāngrán　당연

(4)　长　[　　]　길다

(5)　[　　]　ràng　…에 의해

(6)　词典　cídiǎn　[　　]

3. 다음을 중국어로 쓰시오.

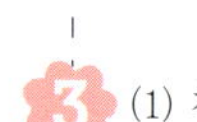

(1) 지금 책을 빌릴 수 있습니까?

→

(2) 당신은 무슨 책을 빌리려 합니까?

→

해답

1. (1) 不能　(2) 让　(3) 过　(4) 多
2. (1) huán　(2) 도서대출증　(3) 当然　(4) cháng　(5) 让　(6) 사전
3. (1) 现在可以借书吗?　(2) 你要借什么书?

중국
엿보기

중국의 학교

■ 중국의 학제

중국의 학제는 한국과 같은 6·3·3·4제이지만, 신학기는 9월에 시작되며 신학기가 다가오면 학교에서는 학생모집을 한다. '초등학교(小学校 xiǎoxuéxiào)'를 졸업하면 중학교에 들어가게 되는데, 중국의 중학교는 초급 중학교와 고급 중학교로 나뉜다. 고급중학은 고등학교에 해당된다. 중국은 학생의 학력에 맞는 '중고등학교(高中 gāozhōng)' 입학 시험을 보는데, 부모들은 가능한 한 '명문학교(重点校 zhòngdiǎnxiào)'에 입학 시키려고 한다. 농촌에서는 자기의 마을에 있는 것은 초급 중학 뿐이기 때문에 고급중학에 진학하려면 더 큰 마을까지 통학하든가, 기숙사에 들어간다.

■ 중국의 대학

중국의 고등교육기관에는 '대학(大学 dàxué)'과 '학원(学院 xuéyuàn)'이 있다. 대학이란 우리나라의 종합대학을 말하고 학원은 단과대학을 말한다. 대학이나 학원에 입학하려면 전국통일시험에 합격해야한다. 문과계는 정치·국어·수학·역사·지리·외국어, 이과계는 정치·국어·수학·물리·화학·생물·외국어교과 시험을 본다. 100점 만점에서 각 과목의 평균점이 92점 이상이 아니면 합격할 수 없을 정도로 경쟁이 치열하다. 수험생은 5개의 지망 학교를 선택할 수 있고, 성적순으로 입학가능 대학이 결정된다. 대체로 평균점이 91점 이하인 수험생은 2년제 혹은 3년제의 전문학교로 배정된다. 중국에서 유명한 대학은 북경대·청화대·중국과기대·남경대·복단대 등이 있지만 인문학계에서는 북경대학을 자연과학 분야에서는 청화대학을 최고로 여긴다.

◀ 북경대학교 전경

197

借
jiè
빌리다
[차]

借　借　借　借

亻 亻 亻 亻 借借借

借书　jiè shū　책을 빌리다

书
shū
책
[書 서]

书　书　书　书

乛 书书书

书店　shūdiàn　서점

关
guān　닫다, 끄다, 관계
[關 관]

关　关　关　关

丷 丷 丷 关关

关门　guānmén　문을 닫다, 폐업하다

谢
xiè
감사(하다)
[謝 사]

谢　谢　谢　谢

讠 讠 讠 讠 讠 谢谢

感谢　gǎnxiè　감사(하다)

带
dài　지니다, 휴대하다
[帶 대]

带　带　带　带

一 世 丗 带带带带

带来　dàilái　가져오다

14. 당신은 여기에서 책을 빌린 적이 있습니까?

当
dāng 당연히 …해야 한다
[當 당]

当

`丨 丬 业 当 当 当`

当然 dāngrán 당연하다

没
méi '没有'의 의미
[몰]

没

`丶 冫 氵 氵 汈 没 没`

没关系 méi guānxi 관계 없다, 괜찮다

让
ràng …에 의하여 (～되다)
[讓 양]

让

`丶 讠 计 让`

让步 ràngbù 양보하다

过
guo …적이 있다
[過 과]

过

`一 寸 寸 寸 讨 过`

过去 guòqù 과거

间
jiān (시간, 공간의) 사이
[間 간]

间

`丶 冂 门 问 问 问 间`

时间 shíjiān 시간

大夫，我不太舒服。

의사 선생님, 몸이 안 좋습니다.

Text 01

1 大夫，我不太舒服。
Dàifu, wǒ bú tài shūfu.

你 怎 么 了?
Nǐ zěnme le?

哪 儿 不 舒 服?
Nǎr bù shūfu?

· · · · · · · · · · · · · · ·

2 我 觉 得 发 烧。
Wǒ juéde fāshāo.

给 你 量 一 量 体 温 吧。❶
Gěi nǐ liáng yi liáng tǐwēn ba.

多 少 度?
Duōshao dù?

해설

1 의사 선생님, 제가 몸이 안 좋습니다.
어떻게 된 겁니까?
어디가 불편합니까?

2 나는 열이 나는 것 같습니다.
당신의 체온을 좀 재 드리겠습니다.
몇 도입니까?

1. 당신의 체온을 좀 재 드리겠습니다.

给你量一量体温吧。 Gěi nǐ liáng yi liáng tǐwēn ba.

'给'는 '…에게 ~을 주다'라는 의미의 동사로 자주 쓰이지만 '…에게', '…을 위하여', '…에 대신하여'라는 전치사로도 잘 쓰인다.

给你穿衣服。 Gěi nǐ chuān yīfu.
너에게 옷을 입혀 줄게.

2. 괜찮습니다.

不要紧。 Bú yàojǐn.

'不要紧'은 '괜찮다, 문제 없다'의 뜻으로 쓰인다. 상대방이 '对不起'라고 사과했을 때도 '不要紧'으로 응답할 수 있다.

这病不要紧。 Zhè bìng bú yàojǐn.
이 병은 문제 없습니다.

새 단어

舒服	shūfu 편안하다	发烧	fāshāo 열이 나다
给	gěi 주다, …에게	量	liáng (체온 등을) 재다
体温	tǐwēn 체온	度	dù …도 (온도 등을 재는 양사)

Part 15

3 什么病?
shénme bìng?

感冒了。
Gǎnmào le.

不要紧。❷
Bú yàojǐn.

. . . .

4 张开嘴。❸
Zhāngkai zuǐ.

解开上衣，我听听。❹
Jiěkai shàngyī, wǒ tīngting.

吃点儿药就会好了。❺
Chī diǎnr yào jiù huì hǎo le.

해설

3 무슨 병입니까?
감기에 걸렸습니다.
괜찮습니다.

4 입을 벌리세요.
웃옷을 벗으세요. 청진을 해 봅시다.
약을 좀 먹으면 곧 나아질 겁니다.

3. 입을 벌리세요. / 웃옷을 벗으세요.

张**开**嘴 / 解**开**上衣 Zhāngkai zuǐ / Jiěkai shàngyī

여기서 '开'는 결과보어로서, 동사 뒤에 쓰여 그 동사에 '열리다', '개방하다'는 의미를 갖게 한다. '张开'는 '벌려서 열다', '解开'는 '풀어서 열다', '벗어서 열다'는 의미가 있다. 해석할 때는 '입을 벌리다', '웃옷을 벗다'로 하면 된다.

4. 제가 좀 들어 보겠습니다. (청진을 해 봅시다.)

我**听听** Wǒ tīngting

'听听'은 동사를 중첩한 형태로 '좀 …하다'가 된다. 1음절 동사인 경우 동사 사이에 '一'이나 '了'를 삽입하기도 한다. 모두 짧은 시간에 일어나는 동작이나 시도를 표시하는 약화된 동작을 나타낸다.

看看 / 看一看 / 看了看 kànkàn / kàn yī kàn / kànle kàn
좀 보다

5. 약을 좀 먹으면 곧 나아질 겁니다.

吃点儿药就会好了。 Chī diǎnr yào jiù huì hǎo le.

'약을 좀 먹으면 곧 된다'의 뜻인데, 앞부분에 가정의 의미가 들어 있다. 가정을 표시하는 특별한 성분이 없어도 문맥상 가정을 표시하는 문장이 중국어에는 많다.

(要是)吃点儿药就会好了。 Yàoshì chī diǎnr yào jiù huì hǎo le.

(要是)喝点儿水就会好了。 Yàoshì hē diǎnr shuǐ jiù huì hǎo le.
물을 좀 마시면 곧 나아질 겁니다.

새 단어

病 bìng 병	感冒 gǎnmào 감기 들다
要紧 yàojǐn 긴요한, 심각한	张开 zhāngkai 열다, 벌리다
嘴 zuǐ 입	解开 jiěkai 풀다, 벗다
上衣 shàngyī 웃옷, 웃도리	药 yào 약

Dialogue

B: 大夫，我不太舒服。
Dàifu, wǒ bútài shūfu.

A: 你怎么了？ 哪儿不舒服？
Nǐ zěnme le? Nǎr bù shūfu?

B: 我头疼，发烧。
Wǒ tóuténg, fāshāo.

A: 吃饭吃得怎么样？
Chīfàn chī de zěnmeyàng?

B: 吃得不好，连水也不能喝。
Chī de bùhǎo, lián shuǐ yě bù néng hē.

A: 给你量一量体温吧。
Gěi nǐ liáng yī liáng tǐwēn ba.

B: 好，多少度？
Hǎo, duōshao dù?

A : 三十八度五，张开嘴。
Sānshíbā dù wǔ, zhāngkai zuǐ.

B : 什么病？
Shénme bìng?

A : 解开上衣，我听听。你感冒了。
Jiěkai shàngyī, wǒ tīngting.　　Nǐ gǎnmào le.

不要紧，只要吃点儿药就会好了。
Bú yàojǐn, zhǐyào chī diǎnr yào jiù huì hǎo le.

早睡早起，身体好。
Zǎo shuì zǎo qǐ, shēntǐ hǎo.

B : 谢谢大夫。
Xièxie dàifu.

A : 不客气。
Bú kèqi.

해석

B : 의사 선생님, 제가 몸이 좀 불편합니다.

A : 어떻게 된 거죠? 어디가 불편합니까?

B : 머리가 아프고, 열이 납니다.

A : 밥 먹는 것은 어떻습니까?

B : 잘 못 먹습니다. 물도 못 삼킵니다.

A : 체온을 좀 재겠습니다.

B : 네, 몇 도입니까?

A : 38도 5분입니다. 입을 벌리세요.

B : 무슨 병입니까?

A : 웃옷을 벗으세요. 청진 좀 하겠습니다. 감기입니다.
　　괜찮아요. 약을 좀 먹기만 하면 곧 나아질 겁니다.
　　일찍 자고 일찍 일어나면 건강해집니다.

B : 의사 선생님 고맙습니다.

A : 천만에요.

보충단어

头疼　tóuténg　머리가 아프다
连　lián　…조차도
水　shuǐ　물
只要…就~　zhǐyào jiù~
　　…이기만 하면 곧 ~하다

❋ 결과보어

동사 뒤에 놓여서 동작의 결과를 보충 설명하는 것을 '결과보어'라고 한다. 동사술어는 단지 어떤 동작이나 행동의 진행을 설명하는 것이고, 결과보어는 그 동작이나 행위가 구체적으로 어떤 결과를 가져왔는가 하는 것을 보충 설명하는 것이다.

결과보어로는 주로 동사와 형용사가 쓰이며, 결과보어와 동사는 긴밀하게 결합되어 있어 하나의 단어와도 같다. 따라서 동태조사 '了'나 목적어는 반드시 결과보어 뒤에 놓아야 한다.

- 我听懂了他的话。 Wǒ tīng dǒng le tā de huà.
  나는 그의 말을 알아들었다.

- 他看完了这本书。 Tā kàn wán le zhè běn shū.
  그는 이 책을 다 보았다.

또한 어떤 결과가 생긴 동작은 일반적으로 완료된 동작이므로 결과보어를 가진 문장을 부정할 때는 동사 앞에 '没(有)'를 쓰며, 정반의문문도 역시 '~没有?'의 형식을 취한다.

- 我没(有)找到他。 Wǒ méi(yǒu) zhǎo dào tā.
  나는 그를 찾지 못했다.

- 你解开上衣没有? Nǐ jiěkai shàngyī méiyou?
  너는 웃옷을 벗었니?

신체, 병원

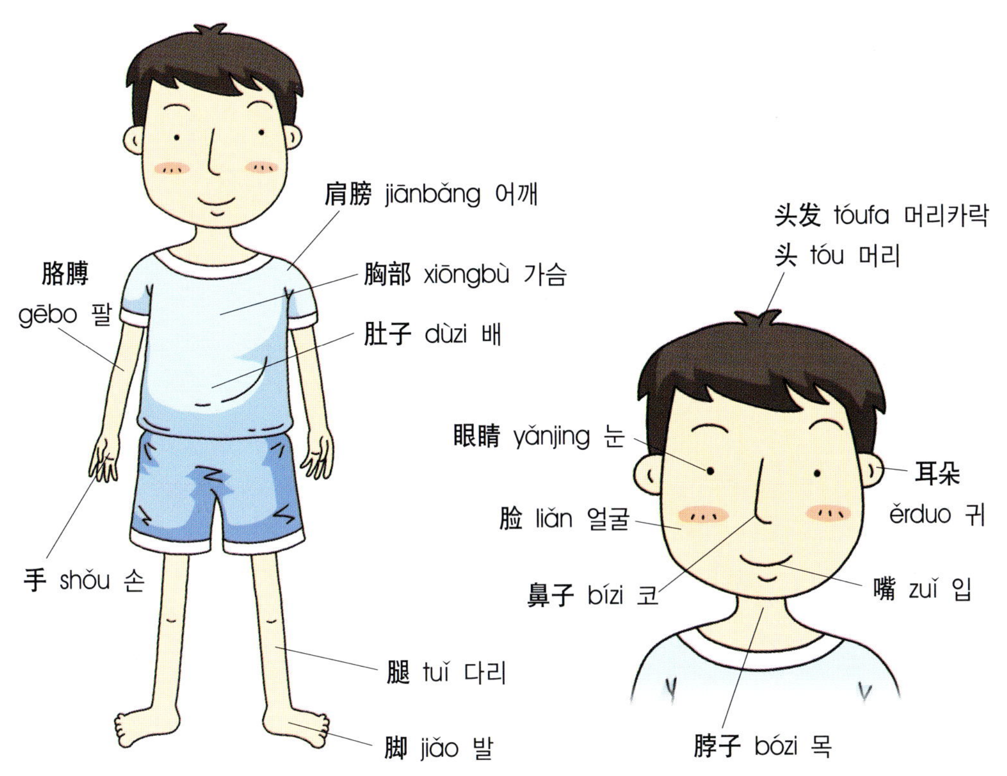

병원 관련 용어

中医	zhōngyī	한의원, 한의	西医	xīyī	병원, 양의
病人	bìngrén	환자	生病	shēngbìng	병이 나다
住院	zhùyuàn	입원하다	出院	chūyuàn	퇴원하다
动手术	dòngshǒushù	수술하다	看病	kànbìng	진찰을 받다
打针	dǎzhēn	주사맞다[놓다]	扎针	zhāzhēn	침을 놓다
神经科	shénjīngkē	신경과	内科	nèikē	내과
外科	wàikē	외과	牙科	yákē	치과
眼科	yǎnkē	안과	小儿科	xiǎoérkē	소아과
妇产科	fùchǎnkē	산부인과	皮肤科	pífūkē	피부과
泌尿科	mìniàokē	비뇨기과	耳鼻喉科	ěrbíhóukē	이비인후과

1. 다음 빈칸에 필요한 것을 고르시오.

> 哪儿　给　开　就

(1) 吃点儿药＿＿＿好了。

(2) 张＿＿＿嘴。

(3) ＿＿＿你量一量体温吧。

(4) ＿＿＿不舒服?

2. 다음 빈칸에 알맞은 말을 넣으시오.

(1)	舒服		편하다, 상쾌하다
(2)	发烧	fāshāo	
(3)		gǎnmào	감기 들다
(4)	嘴	zuǐ	
(5)	病		병
(6)		jiěkai	벗다, 풀다

3. 다음을 중국어로 쓰시오.

(1) 어떻게 된 거니? 감기에 걸렸니?

→

(2) 밥 먹는 건 어떠니?

→

해답

중국의 술

중국에는 지방마다 한두 개 정도의 특산주가 있을 정도로 많은 술의 종류와 높은 알코올 도수(보통 40~60도)로 유명하다. 그래서 술에 관한 고사도 많이 있으며, 술을 노래한 시인들도 많은 편이다. 이태백(李太白) 같은 주선(酒仙)은 술을 먹다가 삶을 마감했고, 전원시인 도연명(陶淵明)은 헌주사(獻酒詞) 25편을 남겼다. 그들은 술을 인생의 좋은 반려이며 삶의 질을 높여주는 좋은 짝으로 보았다.

중국의 술은 백주·황주·노주·과실주·맥주 등 크게 다섯 가지로 설명할 수 있다.

- **백주(白酒 báijiǔ)** 청주처럼 투명한 술을 가리키는 말이다. 곡류나 잡곡류로 만드는 증류주로, 알코올 도수가 40도 이상으로 매우 독하다. 송나라 때부터 빚기 시작한 백주는 약 9백년의 역사를 가지고 있다. 귀주성의 마오타이주(茅台酒 máotáijiǔ), 산서성의 분주(汾酒 fénjiǔ), 오곡액(五谷液 wǔgǔyè) 등이 유명하다.

- **황주(黃酒 huángjiǔ)** 막걸리와 같은 발효주로서 그다지 독하지 않으며(15~20도) 황색에 윤기가 있다 해서 황주라 한다. 황주의 역사는 중국 술의 역사와 같아 4천 년이 넘는다. 소흥주(绍兴酒 shàoxìngjiǔ)가 유명하다.

▲ 귀주 마오타이주

- **노주(露酒 lùjiǔ)** 술에 각종 식물이나 약재를 넣고 증류시켜 독특한 맛과 향기를 내게 한 술이다. 노(露)는 이슬을 말하며 새벽의 영롱함을 상징하기도 하여 붙여진 이름이다. 대표적인 노주는 죽엽청주(竹叶清酒 zhúyè qīngjiǔ)와 오가피주이다.

- **과실주** 과실주의 대표는 역시 포도주이다. 사마천의 〈사기〉의 기록으로 보아 포도주의 역사는 최소한 2천 2백 년이 넘는다. 산동성 연대(烟台)의 홍포도주와 청도(青岛)의 백포도주가 유명하다.

- **맥주(啤酒 píjiǔ)** 맥주는 중국에서 가장 많은 종류를 자랑하는 술로, 각 지방마다 고유 브랜드를 생산하고 있다. 그중 청도 맥주(青岛啤酒 Qīngdǎo píjiǔ)가 가장 유명한데 독일과 기술을 제휴하여 만든 것이다.

感 gǎn 느끼다 [감]	感　感　感　感 gǎn
	厂　戶　咸　咸　咸　感　感
	感动　gǎndòng　감동하다

病 bìng 병 [병]	病　病　病　病 bìng
	亠　广　广　疒　疒　病　病
	病房　bìngfáng　병실, 병동

就 jiù　곧, 즉시, 종사하다 [취]	就　就　就　就 jiù
	亠　亠　亨　京　京　就　就
	就业　jiùyè　취업(하다)

给 gěi 주다, …에게 [給 급]	给　给　给　给 gěi
	纟　纟　纩　纩　纶　给　给
	给予　gěiyǔ　주다, 베풀어 주다

度 dù …도(온도 등) [도]	度　度　度　度 dù
	亠　广　广　庐　庐　庋　度
	温度　wēndù　온도

15. 의사 선생님 , 몸이 안 좋습니다.

疼
téng
아프다
[동]

疼 疼 疼 疼
téng

亠 广 疒 疒 疒 疢 疼 疼

头疼　tóuténg　두통, 머리가 아프다

量
liáng
재다(체온 등)
[량]

量 量 量 量
liáng

口 旦 昌 昌 昌 量 量

胆量　dànliang　용기, 담보

嘴
zuǐ
입
[취]

嘴 嘴 嘴 嘴
zuǐ

口 叮 叽 吣 嚓 嘴 嘴

嘴巴　zuǐba　볼, 뺨, 입, 구변

温
wēn
따뜻하다, 온도
[溫 온]

温 温 温 温
wēn

氵 汩 汩 㳍 温 温 温

温暖　wēnnuǎn　따뜻하다, 따스하다

药
yào
약
[藥 약]

药 药 药 药
yào

一 艹 艿 药 芍 药 药

药方　yàofāng　처방, 처방전

贴多少钱的邮票?

얼마짜리 우표를 붙여야 하지요?

Text 01

1 贴 多少 钱的 邮票?
Tiē duōshao qián de yóupiào?

你 寄 平信 还是 挂号信? ❶
Nǐ jì píngxìn háishi guàhàoxìn?

从 北京 到 首尔 一般 得 几天? ❷
Cóng Běijīng dào Shǒu'ěr yìbān děi jǐ tiān?

. . . .

2 你 往 哪儿 寄?
Nǐ wǎng nǎr jì?

请 把 两 套 纪念邮票 拿 给 我。 ❸
Qǐng bǎ liǎng tào jìniàn yóupiào ná gěi wǒ.

你 喜欢 哪种, 自己 挑 吧。
Nǐ xǐhuan nǎ zhǒng, zìjǐ tiāo ba.

해설

1 얼마짜리 우표를 붙여야 합니까?
보통우편입니까, 아니면 등기우편입니까?
북경에서 서울까지 보통 며칠 걸립니까?

2 당신은 어디로 부칩니까?
기념우표 두 세트를 제게 가져다 주세요.
당신이 좋아하는 것으로 직접 고르세요.

1. 보통우편입니까, 아니면 등기우편입니까?

你寄平信还是挂号信? Nǐ jì píngxìn háishì guàhàoxìn?

'…还是~?'는 선택의문문 형식이다. '…인가, 아니면 ~인가?'의 의미를 나타낸다.

你去还是他去? Nǐ qù háishì tā qù?
네가 가니, 아니면 그가 가니?

你去学校还是图书馆? Nǐ qù shāngdiàn háishì túshūguǎn?
너는 학교에 가니, 아니면 도서관에 가니?

2. 보통 며칠 걸립니까?

一般得几天? Yìbān děi jǐ tiān?

'得'가 'děi'로 발음되면 '…해야 한다'는 조동사 용법과 '(얼마의 시간·돈 등이) 든다'는 동사 용법으로 쓰인다.

我们得努力学习。 Wǒmen děi nǔlì xuéxí.
우리는 힘써 공부해야 한다.

一般得一个星期。 Yìbān děi yí ge xīngqī.
보통 일주일이 걸린다.

从北京到首尔一般得几天? Cóng Běijīng dào Shǒu'ěr yìbān děi jǐ tiān?
베이징에서 서울까지 일반적으로 며칠 걸리지요?

새 단어

贴 tiē 붙이다	邮票 yóupiào 우표
寄 jì (편지 등을) 부치다	平信 píngxìn 보통우편
挂号信 guàhàoxìn 등기우편	从~到… cóng~dào… …에서 ~까지
北京 Běijīng 북경, 베이징 (지명)	首尔 Shǒu'ěr 서울 (지명)
得 děi (시간, 돈 등이) 든다, 필요하다	往 wǎng …로
把 bǎ …을, …를	套 tào 세트

Text 02

3 我 要 寄 一 封 信。
Wǒ yào jì yì fēng xìn.

请问，什么 时候 可以 到 北京？
Qǐngwèn, shénme shíhou kěyǐ dào Běijīng?

大概 一 个 星期 吧。
Dàgài yí ge xīngqī ba.

4 寄 包裹 是不是 也在 这儿？
Jì bāoguǒ shì bu shì yě zài zhèr?

现在 买不到 那 种 纪念 邮票。❹
Xiànzài mǎi bu dào nà zhǒng jìniàn yóupiào.

要 贴 三 块 四 毛 的 邮票。
Yào tiē sān kuài sì máo de yóupiào.

해설

3 저는 편지 한 통을 부치려고 합니다.
여쭙겠는데, 언제 북경에 도착합니까?
아마 일주일쯤 될 겁니다.

4 소포를 부치는 것도 여기서 합니까?
지금은 그 종류의 기념우표는 살 수 없습니다.
3위안 4마오짜리 우표를 붙여야 합니다.

3. 기념우표 두 세트를 제게 가져다 주세요.

请把两套纪念邮票拿给我。　Qǐng bǎ liǎng tào jìniàn yóupiào ná gěi wǒ.

전치사 '把'를 사용해 목적어를 동사 앞에 놓은 문장이다. '把'는 '을, 를'로 해석하며, 동사의 뒤에는 흔히 기타성분이 따라온다.

我把我朋友等着。　Wǒ bǎ wǒ péngyou děngzhe.
나는 내 친구를 기다리고 있다.

他把那封信看了看。　Tā bǎ nà fēng xìn kàn le kàn.
그는 그 편지를 잠시 보았다.

4. 지금은 그 종류의 기념우표를 살 수 없습니다.

现在**买不到**那种纪念邮票。　Xiànzài mǎi bu dào nà zhǒng jìniàn yóupiào.

'买不到'는 가능보어 형식이다. 원래 '买到'에서 '到'가 결과보어로 쓰여 '어떤 동작에 도달한 결과'를 나타내는데 '샀다'라는 뜻이 된다. 여기서 동사와 결과보어 사이에 '得/不'를 넣으면 가능성을 표시하는 가능보어가 된다.

买得到　mǎi de dào　살 수 있다
买不到　mǎi bu dào　살 수 없다

새 단어

纪念　jìniàn　기념	邮票　yóupiào　우표
种　zhǒng　종류	自己　zìjǐ　자기, 스스로
挑　tiāo　선택하다, 고르다	封　fēng　통(편지 등을 세는 양사)
信　xìn　편지	到　dào　도착하다
大概　dàgài　아마, 대략	包裹　bāoguǒ　소포

Dialogue

A ： 小 姐，我 要 寄 信。
Xiǎojie, wǒ yào jì xìn.

B ： 往 哪儿 寄？
Wǎng nǎr jì?

A ： 往 首尔，要 贴 多少钱 的 邮票？
Wǎng Shǒu'ěr, yào tiē duōshao qián de yóupiào?

B ： 你 寄 平信 还是 寄 挂号信？
Nǐ jì píngxìn háishi jì guàhàoxìn?

A ： 我 要 寄 航空挂号信。
Wǒ yào jì hángkōng guàhàoxìn.

B ： 你 要 贴 二十 块 的 邮票。
Nǐ yào tiē èrshí kuài de yóupiào.

A : 请问, 从 北京 到 首尔 一般 得 几天?
Qǐngwèn, cóng Běijīng dào Shǒu'ěr yìbān děi jǐtiān?

B : 有的 时候 五六天, 有的 时候 一个 多 星期。
Yǒu de shíhou wǔ liù tiān, yǒu de shíhou yí ge duō xīngqī.

A : 买 纪念邮票 是不是 也 在 这儿?
Mǎi jìniàn yóupiào shì bu shì yě zài zhèr?

B : 就是 这儿。
Jiùshì zhèr.

A : 请 把 两套 拿 给 我, 好 吗?
Qǐng bǎ liǎng tào ná gěi wǒ, hǎo ma?

B : 你 喜欢 哪 种, 自己 挑 吧。
Nǐ xǐhuan nǎzhǒng, zìjǐ tiāo ba.

해석

A : 아가씨, 저는 편지를 부치려고 합니다.
B : 어디로 부칩니까?
A : 서울로 부칩니다. 얼마짜리 우표를 붙여야 합니까?
B : 보통우편으로 부칩니까 아니면 등기우편으로 부칩니까?
A : 항공등기우편으로 부치려고 합니다.
B : 20위안짜리 우표를 붙여야 합니다.
A : 여쭙겠는데, 북경에서 서울까지 보통 며칠 걸립니까?
B : 어떤 때는 대엿새, 어떤 때는 일주일 남짓 걸립니다.
A : 기념우표를 사는 곳도 여기입니까?
B : 바로 여기입니다.
A : 2세트를 제게 갖다 주겠습니까?
B : 당신이 좋아하는 걸로 직접 고르세요.

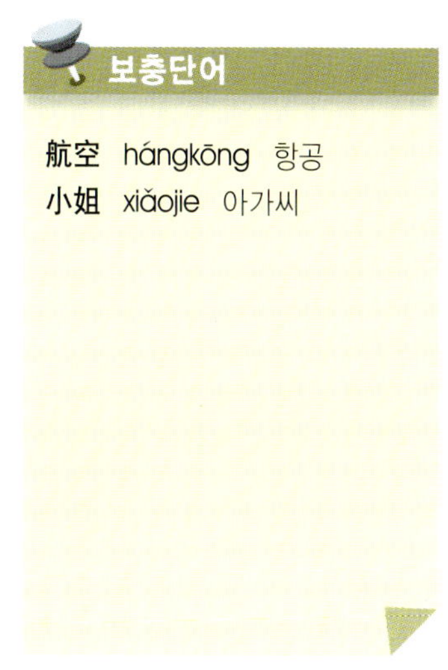

❋ 가능보어

동사 뒤에 쓰여 동작이 어떤 결과나 상황에 도달할 수 있는가를 나타내는 것을 '가능보어'라 한다. 가능보어는 동사와 방향보어 또는 결과보어 사이에 '得'를 삽입하면 되고 그 부정형은 '得' 대신 '不'를 쓰면 된다.

주어+동사+得+보어(+목적어)

- 我听得懂你的话。　　　Wǒ tīng de dǒng nǐ de huà.
  나는 너의 말을 알아들을 수 있다.

- 你今天回得来吗?　　　Nǐ jīntiān huí de lái ma?
  너는 오늘 돌아올 수 있니?

주어+동사+不+보어(+목적어)

- 我看不懂你的字。　　　Wǒ kàn bu dǒng nǐ de zì.
  나는 너의 글씨를 알아볼 수 없다.

- 我买不到那本书。　　　Wǒ mǎi bu dào nà běn shū.
  나는 그 책을 살 수 없었다.

가능보어와 정도보어는 조사 '得'를 사용한다는 점에서 혼동하기 쉬운데 부정문과 의문문 형태를 보면 차이점을 알 수 있다.

[부정문의 비교]

- 정도보어 : 我起得不早。　　Wǒ qǐ de bù zǎo.　나는 늦게 일어난다.

- 가능보어 : 我起不早。　　Wǒ qǐ bu zǎo.　나는 일찍 못 일어난다.

[의문문의 비교]

- 정도보어 : 你起得早不早?　Nǐ qǐ de zǎo bu zǎo?　당신은 일찍 일어납니까?

- 가능보어 : 你起得早起不早?　Nǐ qǐ de zǎo qǐ bu zǎo?
  당신은 일찍 일어날 수 있습니까?

우편 관련 용어

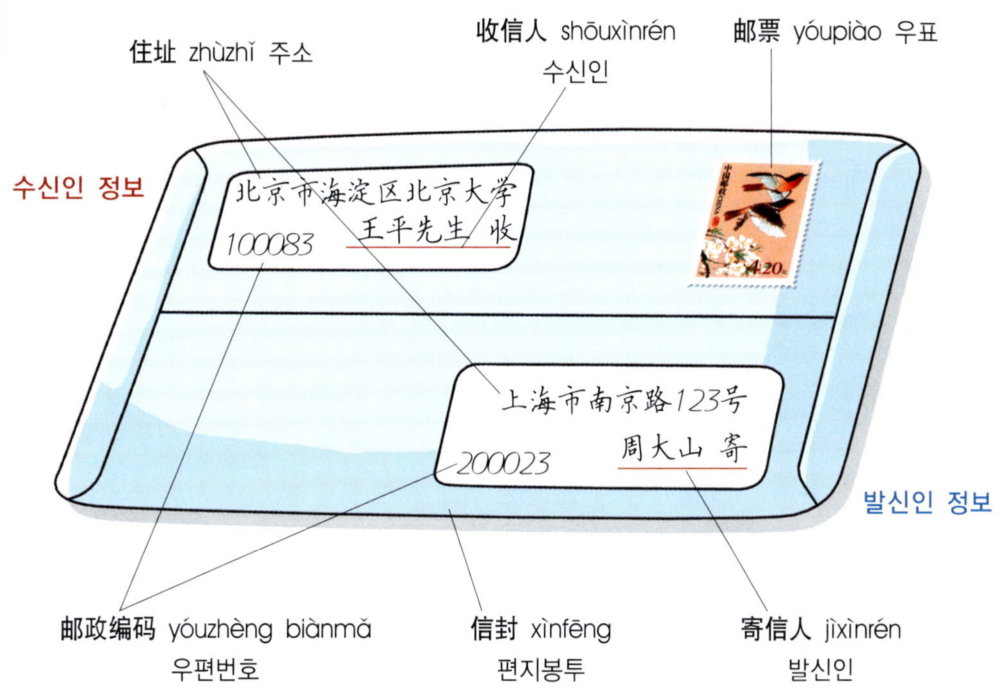

*중국 국내 우편은 우리나라와 수신인/발신인 정보를 기입하는 란이 반대로 되어 있음.

우편 관련 용어

邮局	yóujú	우체국	信箱	xìnxiāng	우체통
邮筒	yóutǒng	우체통	邮递员	yóudìyuán	집배원
邮费	yóufèi	우표값	邮件	yóujiàn	우편물
明信片	míngxìnpiàn	엽서	快信	kuàixìn	속달우편
电报	diànbào	전보	邮政信箱	yóuzhèng xìnxiāng	사서함
信纸	xìnzhǐ	편지지	包裹	bāoguǒ	소포
寄	jì	(우편으로) 부치다	收 / 启	shōu / qǐ	받다, 거두다
航空邮件	hángkōng yóujiàn	항공봉함엽서			

1. 다음 빈칸에 필요한 것을 고르시오.

> 还是　往　把　大概

(1) 请______两套记念邮票拿给我。

(2) ______一个星期吧。

(3) 你寄平信______寄挂号信?

(4) ______哪儿寄?

2. 다음 빈칸에 알맞은 말을 넣으시오.

(1) [　　　]　tiē　　　붙이다

(2) [　　　]　jì　　　(편지를) 부치다

(3) 邮票　[　　　]　우표

(4) 挑　tiāo　[　　　]

(5) 套　[　　　]　세트

(6) 包裹　bāoguǒ　[　　　]

3. 다음을 중국어로 쓰시오.

(1) 저는 편지 한 통을 부치려고 합니다.

→

(2) 북경에서 서울까지 보통 며칠 걸립니까?

→

해답

1. (1) 把　(2) 大概　(3) 还是　(4) 往
2. (1) 贴　(2) 寄　(3) yóupiào　(4) 고르다　(5) tào　(6) 소포
3. (1) 我要寄一封信。　(2) 从北京到首尔一般得几天?

중국의 명절(节日)

▲거꾸로 된 복자와 춘련을 붙인 대문

중국의 전통 명절은 음력에 따라 치르는데 종류가 다양하다. 한국의 설날에 해당하는 춘절(春节 Chūn Jié)은 중국 최대의 명절로 3일 간의 연휴가 있고, 농촌의 경우는 10일 이상을 쉬기도 한다. 헤어진 가족들이 모두 모이는 날이므로 전국에서 귀성인파로 교통난이 일어난다. 춘절 바로 전날인 섣달그믐부터 폭죽을 터뜨리며 놀고, 음식을 먹으며 잠을 자지 않고 밤샘을 한다. 대문에는 복이 들어오기를 기원하며 거꾸로 된 복자와 춘련을 붙인다. 춘절 아침에는 축하 인사와 세배를 한다. 이후 거의 한 달 동안 계속되는 기간 중에 사자춤과 용춤이 등장한다.

정월대보름날인 원소절(元宵节 Yuánxiāo Jié) 때는 보름달을 감상하고 등불놀이를 하며 만두국을 즐겨 먹는다. 단오절(端午节 Duānwǔ Jié)에는 배를 타고 경주하는 룽촨(龙船 lóngchuán) 경기를 하고, 쭝쯔(宗子 zòngzi)라는 별식을 먹는다. 우리의 추석에 해당하는 중추절(中秋节 Zhōngqiū Jié)에는 가족들이 모여 앉아 햇곡식으로 먹을 것을 장만하여 추수를 감사하는 달맞

▲단오절의 명절 음식인 쭝즈

이 행사를 한다. 이때 가장 즐겨 먹는 것이 월병(月饼 yuèbǐng)인데 가까운 친척이나 친구를 방문할 때에는 꼭 이 월병을 선물한다. 그밖에 중국 사람들이 중요시하는 전통 명절로는 양력 4월 5일 전후의 성묘일인 청명절, 음력 7월 7일의 칠석, 음력 9월 9일의 중양절 등이 있다.

挂
guà
걸다
[괘]

挂　挂　挂　挂
guà

一　十　扌　扌　护　护　挂

挂号信　guàhàoxìn　등기우편

寄
jì (편지 등을)
부치다
[기]

寄　寄　寄　寄
jì

丶　丷　宀　宀　宋　宰　宋　寄　寄　寄

寄信　jì xìn　편지를 부치다

到
dào
도착하다
[도]

到　到　到　到
dào

一　工　工　至　至　至　到

到处　dàochù　곳곳에, 도처에

挑
tiāo
고르다
[조]

挑　挑　挑　挑
tiāo

一　扌　扌　扌　扌　挑　挑　挑

挑选　tiāoxuǎn　선택하다, 고르다

往
wǎng　가다
…(를) 향해
[왕]

往　往　往　往
wǎng

一　彳　彳　彳　彳　往　往

往东走　wǎng dōng zǒu　동쪽으로 가다.

贴

tiē
붙이다

[贴 첩]

丨 冂 贝 贝 则 贴 贴

贴邮票 tiē yóupiào 우표를 붙이다

套

tào
세트, 벌, 조

[투]

一 大 木 本 杏 杏 套 套

手套 shǒutào 장갑

把

bǎ …을/를,
(손으로) 잡다

[파]

一 十 扌 扫 扣 扣 把

把手 bǎshǒu 손잡이, 핸들

信

xìn
편지

[신]

亻 亻 亻 信 信 信 信

信纸 xìnzhǐ 편지지

种

zhǒng
품종, 종, 종류

[種 종]

一 二 千 禾 禾 和 种

种类 zhǒnglèi 종류

你来北京多久了?

당신은 베이징에 온 지 얼마나 되었습니까?

Text 01

1 你 来 北京 多久 了? ❶

Nǐ lái Běijīng duō jiǔ le?

你 是 第一次 到 北京 来 吧。

Nǐ shì dì yí cì dào Běijīng lái ba.

我 以前 来过 一次。

Wǒ yǐqián láiguo yí cì.

. . . .

2 你 去过 哪些 地方?

Nǐ qùguo nǎxiē dìfang?

你 一定 要 去 长城 看看。

Nǐ yídìng yào qù Chángchéng kànkan.

除了 长城 以外, 还有 哪些 地方 值得 看? ❷

Chúle Chángchéng yǐwài, háiyǒu nǎxiē dìfang zhí de kàn?

해설

1 당신은 북경에 온 지 얼마나 되었습니까?
당신은 처음 북경에 온 거죠?
나는 이전에 한 번 온 적이 있습니다.

2 당신은 어떤 곳들을 가 보셨습니까?
당신은 만리장성에 꼭 가 보셔야 합니다.
만리장성 외에, 또 어느 곳이 볼 만합니까?

1. 당신은 북경[베이징]에 온 지 얼마나 되었습니까?

你来北京多久了?　Nǐ lái Běijīng duō jiǔ le?

'来+장소+多久了?'는 '…에 온 지 얼마나 되는가'의 뜻이다. '来' 대신에 '在,到'를 써도 된다. 대답은 '多久了' 대신에 시간을 쓰면 된다. '나는 북경에 온 지 한 달 반이 되었습니다.'는 '我来北京一个半月了'라고 한다. 이때의 '了'는 '…게 되었다(상황의 변화)'를 나타내는 어기조사이다.

2. 만리장성 외에, 또 어느 곳이 볼 만합니까?

除了长城以外, 还有哪些地方值得看?
Chúle Chángchéng yǐwài, háiyǒu nǎxiē dìfang zhí de kàn?

'除了…以外'는 '…를 제외한 이외에'의 뜻이다.

除了北京以外, 你去过哪些地方?
Chúle Běijīng yǐwài, nǐ qùguo nǎxiē dìfang?
북경 이외에 당신은 어느 곳에 간 적이 있습니까?

除了有病, 他每天都上课。
Chúle yǒu bìng, tā měitiān dōu shàngkè.
병이 났을 때만 빼고는 그는 매일 수업을 한다.

새 단 어

一定	yídìng 반드시	以前	yǐqián 이전
地方	dìfang 곳, 부분	长城	Chángchéng (만리)장성
除了	chúle …을 제외하고	以外	yǐwài 이외에
值得	zhí de …할 만한 가치가 있다.		

225

Text 02

3 北京 到处 都 有 名胜古迹。
Běijīng dàochù dōu yǒu míngshèng gǔjì.

你 可以 参观 很 多 博物馆。
Nǐ kěyǐ cānguān hěn duō bówùguǎn.

北京 郊区 好玩儿的 地方 可 多 了。❸
Běijīng jiāoqū hǎowánr de dìfang kě duō le.

·················

4 北京的 天气 跟 首尔 差不多。
Běijīng de tiānqì gēn Shǒu'ěr chà bu duō.

冬天的 时候 北京 比 首尔 更 冷。
Dōngtiān de shíhou Běijīng bǐ Shǒu'ěr gèng lěng.

北京的 物价 没有 首尔 那么 贵。
Běijīng de wùjià méiyǒu Shǒu'ěr nàme guì.

해설

3 북경은 곳곳에 모두 명승고적이 있습니다.
당신은 많은 박물관을 참관할 수 있습니다.
북경의 교외에는 놀기 좋은 곳이 아주 많습니다.

4 북경의 날씨는 서울과 비슷합니다.
겨울에는 북경이 서울보다 훨씬 춥습니다.
북경의 물가는 서울만큼 비싸지 않습니다.

3. 놀기 좋은 곳이 아주 많습니다.

好玩儿的地方可多了。　　Hǎo wánr de dìfang kě duō le.

'好玩儿'은 '놀기에 좋다, 재미있다'의 뜻이다. '可'는 강조의 어감을 표시하는 부사로도 사용되는데, '아주, 무척, 그야말로, 전혀, 그러나, 결코' 등의 다양한 뜻으로 쓰인다.

他写字可快！　　Tā xiě zì kě kuài!
그는 글자를 무척 빨리 쓰는데!

记着点儿，可别忘了。　　Jìzhe diǎnr, kě bié wàng le.
기억 좀 해라, 절대 잊어버리지 말고.

都这样说，可谁见过呢？　　Dōu zhèyàng shuō, kě shéi jiànguo ne?
모두들 이렇게 말하지만, 정말 누가 봤단 말이야?

새 단어

到处 dàochù 곳곳에, 도처에	可 kě 정말
名胜古迹 míngshèng gǔjì 명승고적	参观 cānguān 참관하다
博物馆 bówùguǎn 박물관	郊区 jiāoqū 교외
玩儿 wánr 놀다, 구경가다	差不多 chà bu duō 비슷하다
比 bǐ …보다	更 gèng 훨씬
物价 wùjià 물가	那么 nàme 그렇게

227

Dialogue 会话

A : 你 来 中国 多久 了?
Nǐ lái Zhōngguó duō jiǔ le?

B : 我 来 中国 一个半 月 了。
Wǒ lái Zhōngguó yí ge bàn yuè le.

A : 你 是 第一次 到 北京 来的 吧。
Nǐ shì dì yí cì dào Běijīng lái de ba.

B : 是,我 以前 没 来过。
Shì, wǒ yǐqián méi láiguo.

A : 这次,你 去过 哪些 地方?
Zhè cì, nǐ qùguo nǎxiē dìfang?

B : 我 还 没 去过 什么 地方。
Wǒ hái méi qùguo shénme dìfang.

A : 你 一定 要 去 长城 看看。　不 到 长城,非 好汉。
Nǐ yídìng yào qù Chángchéng kànkàn.　Bú dào Chángchéng, fēi hǎohàn.

B : 是吗?　　还有 哪些 地方 值得 看?
Shì ma?　　Háiyǒu nǎxiē dìfang zhí de kàn?

A : 北京 到处 都 有 名胜古迹,
Běijīng dàochù dōu yǒu míngshèng gǔjì,

而且 郊区 好玩儿的 地方 可 多 了。
érqiě jiāoqū hǎowánr de dìfang kě duō le.

"

B : 我 想 了解 中国的 文化。
Wǒ xiǎng liǎojiě Zhōngguó de wénhuà.

A : 那, 你 可以 参观 很 多 博物馆。
Nà, nǐ kěyǐ cānguān hěn duō bówùguǎn.

B : 那 太 好 了。
Nà tài hǎo le.

해석

A : 당신은 중국에 온 지 얼마나 됐습니까?
B : 저는 중국에 온 지 한 달 반 됐습니다.
A : 당신은 처음 북경에 온 거지요?
B : 예, 저는 이전에 온 적이 없어요.
A : 이번에 당신은 어디를 가 봤습니까?
B : 저는 아직 아무데도 안 가 봤습니다.
A : 당신은 꼭 만리장성에 가 봐야 해요.
　　만리장성에 오르지 않으면, 대장부라 할 수 없지요.
B : 그래요? 또 어떤 곳들이 가 볼 만하지요?
A : 북경은 곳곳이 다 명승고적지예요. 그리고 교외에는 놀 만한 곳이 정말 많아요.
B : 저는 중국의 문화에 대해 이해하고 싶어요.
A : 그러면, 당신은 많은 박물관들을 참관할 수 있어요.
B : 그것 참 좋겠네요.

보충단어

非 fēi 아니다
好汉 hǎohàn 사내 대장부
而且 érqiě 그리고, 게다가
了解 liǎojiě 이해하다
文化 wénhuà 문화

229

✽ 비교문

---

1. '比'를 사용하는 비교문

두 사람이나 두 사물을 비교할 때, 'A+比+B+비교한 결과'의 형태로 한다.

- 我比他大三岁。 Wǒ bǐ tā dà sān suì.
  나는 그보다 세 살 많다.

'比'를 사용하는 비교문의 형용사 앞에 '更, 还'와 같은 부사는 사용할 수 있으나, '很, 太, 非常'과 같은 부사는 사용할 수 없다.

- 那里的夏天比这里还热。 Nà li de xiàtiān bǐ zhè li hái rè.
  그곳의 여름은 이곳보다 훨씬 덥다.

'比'를 사용하는 비교문의 부정은 '比' 앞에 '不'를 쓴다.

- 我写的汉字不比他(写的汉字)好。
  Wǒ xiě de Hànzì bù bǐ tā (xiě de Hànzì) hǎo.
  내가 쓴 글씨는 그(가 쓴 한자)보다 훌륭하지 않다.

2. '没有'를 이용하는 비교문

'有'를 써서 비교하는 방법은 'A+有+B+비교되는 점'이다. 여기서 A는 주어이고, B는 비교의 기준이 된다. 이것은 'A가 비교되는 점에 있어서 B의 정도에 미친다는 것'을 의미한다. 'A+没有+B+비교되는 점' 형식은 부정문이 되어 'A가 비교되는 점에 있어서 B에 못 미친다는 것(만큼 B하지 않다)'이 된다.

- 那里的夏天没有首尔这么热。 Nà li de xiàtiān méiyǒu Shǒu'ěr zhème rè.
  그곳의 여름은 서울만큼 덥지 않다.

위의 예문에서 볼 수 있듯이 비교의 결과를 나타내는 형용사 앞에 '这么, 那么'를 붙여서 정도를 나타낼 수 있다. 비교의 기준인 인물이나 사물이 말하는 사람의 앞에 있을 때는 '这么'를 쓰고 멀리 있을 때 '那么'를 쓴다.

- 弟弟没有妹妹高。　Dìdi méiyǒu mèimei gāo.
  남동생은 여동생만큼 키가 크지 않다.

위의 '没有'를 이용하는 비교문을 '比'를 사용하여 표현하면 다음과 같다.

- 妹妹比弟弟高。　Mèimei bǐ dìdi gāo.
  여동생은 남동생보다 키가 크다.

3. '跟…一样(差不多)'의 비교문

'跟'은 '와, 과'에 해당하는 전치사이고, '一样, 差不多'는 '같다, 비슷하다' 의 뜻이므로 비교의 의미를 나타낸다.

- 他跟我一样忙。 Tā gēn wǒ yíyàng máng.
  그는 나처럼 바쁘다.
- 我的跟他的差不多。 Wǒ de gēn tā de chà bu duō.
  내 것은 그의 것과 비슷하다.

4. '不如'를 이용하는 비교문

'A 不如 B'는 'A는 B만 못하다'의 뜻이다.

- 今天去不如明天去。 Jīntiān qù bùrú míngtiān qù.
  오늘 가는 것은 내일 가는 것만 못하다.
- 我不如他那么用功。 Wǒ bùrú tā nàme yònggōng.
  나는 그만큼 열심히 하지 않는다.

'A 越来越 B'는 'A는 시간이 흐를수록 B하다'의 뜻이다.

• 学习外语的人越来越多了。 Xuéxí wàiyǔ de rén yuè lái yuè duō le.
  외국어를 배우는 사람은 갈수록 많아진다.

• 她长得越来越漂亮了。 Tā zhǎng de yuè lái yuè piàoliang le.
  그녀는 갈수록 예뻐졌다.

쇼핑 관련 용어

领带 lǐngdài 넥타이

戒指 jièzhi 반지

项链 xiàngliàn 목걸이

钱包 qiánbāo 지갑

陶瓷器 táocíqì 도자기

皮带 pídài 벨트

化妆品 huàzhuāngpǐn 화장품

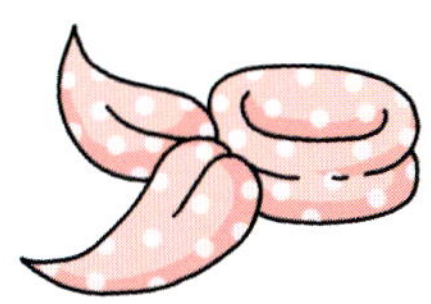

围巾 wéijīn 스카프

手提包 shǒutíbāo 핸드백

쇼핑 관련 용어

衬衫	chènshān	드레스셔츠	墨镜	mòjìng	선글라스
特产品	tèchǎnpǐn	특산품	绸子	chóuzi	비단
装饰品	zhuāngshìpǐn	장식품	手镯	shǒuzhuó	팔찌
耳环	ěrhuán	귀고리	胸针	xiōngzhēn	브로치
古玩店	gǔwándiàn	골동품점	名牌	míngpái	유명상표, 명품
免税商店	miǎnshuì shāngdiàn	면세점	洋酒	yángjiǔ	양주

1. 다음 빈칸에 필요한 것을 고르시오.

没有　比　可　跟

(1) 北京郊区好玩儿的地方＿＿＿多了。

(3) 冬天的时候北京＿＿＿首尔更冷。

(2) 北京的天气＿＿＿首尔差不多。

(4) 北京的物价＿＿＿首尔那么贵。

2. 다음 빈칸에 알맞은 말을 넣으시오.

(1)	以前		이전
(2)		yídìng	반드시, 꼭
(3)	参观	cānguān	
(4)	郊区	jiāoqū	
(5)	差不多		비슷하다
(6)		wùjià	물가

3. 다음을 중국어로 쓰시오.

(1) 당신은 북경에 온 지 얼마나 되었습니까?

→

(2) 당신은 어떤 곳들을 가 보셨습니까?

→

1 没有 méiyǒu …만 못하다
比 bǐ …에 비해서
可 kě 강조를 나타냄
跟 gēn …와, …과

3 (1) 얼마나　多
(2) 어떤 곳　哪些地方

해답

1. (1) 可　(2) 比　(3) 跟　(4) 没有
2. (1) yǐqián　(2) 一定　(3) 참관(하다)　(4) 교외 (지역)　(5) chà bu duō　(6) 物价
3. (1) 你来北京多久了?　(2) 你去过哪些地方?

고궁과 만리장성

■ **고궁박물원(자금성 紫禁城 Zǐjìnchéng)**

자금(紫禁)이란 북두성(北斗星)의 북쪽에 위치한 자금성이 천자가 거처하는 곳이라는 데서 유래된 말이다. 자금성은 가장 완벽하게 보존된 중국 최대의 고건축물이자 세계 최대의 황궁으로 북경시의 내성(內城) 중앙에 위치해 있다. 1407년 명나라 영락제(永樂帝)가 남경(南京)에서 북경으로 천도할 때부터 건립하여 1420년에 완성하였다. 자금성은 세워진 그날부터 중국봉건사회가 멸망하던 날까지 황제들이 머물렀던 궁전으로 명, 청시대 24명의 황제가 이곳에서 살았다. 1949년 중국 공산당 정부 수립 후에 일반에 공개되었으며 현재는 박물관으로 사용되고 있다.

■ **만리장성(长城 Chángchéng)**

본래 이름은 '장성'이다. 동쪽 발해 기슭의 산해관(山海关 Shānhǎiguān)에서 서쪽 사막이 시작되는 가욕관(嘉峪关 Jiāyùguān)까지 험산 준령을 타고 12,700여 리(약 6,350km)에 걸쳐 있어 '만리장성'이라는 애칭을 갖게 되었다. 장성은 춘추시대의 제(齊)에서 쌓기 시작했다. 이후 전국시대에는 여러 나라가 장성을 축성하였는데 이를 처음으로 연결한 사람이 진(秦)의 시황제이다.

장성이 현재의 규모를 갖춘 것은 명대(明代)에 들어와서이다. 청대(淸代) 이후에는 군사적 의의를 상실하고 중국 본토와 만주 · 몽골 지역을 나누는 행정적인 경계선에 불과하게 되었다. 장성은 현재 유네스코 세계유산목록에 수록되어 있다.

价

价　价　价　价

jià

ノ　イ　イ　价　价　价

物价　wùjià　물가

jià
가격, 값
[가]

玩

玩　玩　玩　玩

wán

一　二　干　王　珏　玗　玩

玩笑　wánxiào　농담(하다)

wán
놀다
[완]

参

参　参　参　参

cān

ノ　ム　ム　乒　夹　矣　参

参加　cānjiā　참가하다, 참석하다

cān
참여하다
[참, 삼]

非

非　非　非　非

fēi

ノ　ナ　ヺ　킈　非　非　非

非常　fēicháng　대단히

fēi
아니다
[비]

差

差　差　差　差

chà

丷　亠　羊　羊　差　差　差

差不多　chà bu duō　비슷하다

chà
차이가 나다
[差 차]

17. 당신은 북경에 온 지 얼마나 되었습니까?

除
chú
제외하다
[제]

除 除 除 除
chú
⼆ ⻏ ⻖ 阶 除 除 除
除了 chúle …을 제외하고

区
qū
구, 구역
[區 구]

区 区 区 区
qū
一 フ ㄨ 区
郊区 jiāoqū 교외

而
ér
…하고(접속사)
[이]

而 而 而 而
ér
一 ㄏ ㄏ 丙 而 而
而且 érqiě 그리고, 게다가

观
guān
보다, 구경하다
[觀 관]

观 观 观 观
guān
フ ㄡ 犼 观 观 观
参观 cānguān 참관하다

更
gèng
더욱, 일층 더
[갱, 경]

更 更 更 更
gèng
一 ㄇ ㄇ 亩 百 更 更
更加 gèngjiā 더욱 더, 한층

237

Part. 18

我有时间看电影。

나는 영화 볼 시간이 있습니다.

1 我 有 时间 看 电影。❶
Wǒ yǒu shíjiān kàn diànyǐng.

今天 晚上 礼堂 里 有 电影。
Jīntiān wǎnshang lǐtáng lǐ yǒu diànyǐng.

几 点 开演?
Jǐ diǎn kāiyǎn?

· · · · · · · · · · · · · · · · ·

2 这 是 一部 很好的 电影。❷
Zhè shì yí bù hěn hǎo de diànyǐng.

现在 离 开演 还有 几分钟? ❸
Xiànzài lí kāiyǎn háiyǒu jǐ fēn zhōng?

你的 票 是 双号 还是 单号?
Nǐ de piào shì shuānghào háishi dānhào?

 해설

1 나는 영화 볼 시간이 있습니다.
오늘 저녁 강당에서 영화를 상영합니다.
몇 시에 상영을 시작합니까?

2 이것은 대단히 좋은 영화입니다.
지금 상영 시작까지 아직 몇 분 남았지요?
당신의 표는 짝수 표입니까, 아니면 홀수 표입니까?

1. 나는 영화 볼 시간이 있습니다.

我有时间看电影。　Wǒ yǒu shíjiān kàn diànyǐng.

'有'의 목적어를 뒤의 술어가 수식하는 형식이다. 즉, 해석은 '시간이 있어서 영화를 본다'가 아니라 '영화를 볼 시간이 있다'라고 해야 한다.

我有钱买书。　Wǒ yǒu qián mǎi shū.
나는 책 살 돈이 있다.

2. 이것은 대단히 좋은 영화입니다.

这是一部很好的电影。　Zhè shì yí bù hěn hǎo de diànyǐng.

일반적으로 단음절 형용사가 부사의 수식을 받고 다시 명사를 수식할 때 '的'를 써야 한다.

那是一本不错的书。　Nà shì yì běn búcuò de shū.
그것은 매우 훌륭한 책입니다.

3. 지금 상영 시작까지 아직 몇 분 남았지요?

现在离开演还有几分钟？　Xiànzài lí kāiyǎn háiyǒu jǐ fēn zhōng?

'离'는 시간·공간적 거리를 나타낼 때 쓰며 기준점이 되는 말 앞에 놓는다. '지금은 공연 시작으로부터 아직 몇 분이 남았습니까?'가 된다.

大使馆离这儿远吗？　Dàshǐguǎn lí zhèr yuǎn ma?
대사관은 여기서 멉니까?

새 단어

时间　shíjiān　시간	礼堂　lǐtáng　강당
开演　kāiyǎn　(연극, 영화 따위를) 시작하다	部　bù　…편, 부 (영화를 세는 양사)
票　piào　표, 입장권	双号　shuānghào　짝수 번호
单号　dānhào　홀수 번호	

239

3 我的 票 是 楼下 30排 4号。
Wǒ de piào shì lóuxià sānshí pái sì hào.

座位 不错。
Zuòwèi búcuò.

电影 快要 开演 了。❹
Diànyǐng kuàiyào kāiyǎn le.

· · · · · · · · · · · · · · · · ·

4 以前 你 看过 中国电影 吗?
Yǐqián nǐ kàn guo Zhōngguó diànyǐng ma?

来 中国 以后, 你 看过 几 次 电影?❺
Lái Zhōngguó yǐhòu, nǐ kàn guo jǐ cì diànyǐng?

我 看过 两次。
Wǒ kànguo liǎng cì.

해설

3 내 표는 1층 30열 4호입니다.
좌석이 괜찮군요.
영화가 곧 시작하려고 합니다.

4 이전에 당신은 중국영화를 본 적이 있습니까?
중국에 온 이후, 당신은 영화를 몇 번 보았습니까?
나는 두 차례 본 적이 있습니다.

4. 영화가 곧 시작하려고 합니다.

电影**快要**开演**了**。　Diànyǐng kuàiyào kāiyǎn le.

'快要…了'는 '곧…하려 한다'로 머지 않은 시간에 곧 그 동작이 일어나려 한다는 표현이다. 이것을 '임박태'라고 한다.

好像**快要**下雨**了**。　Hǎoxiàng kuàiyào xià yǔ le.
마치 곧 비가 올 것 같다.

5. 당신은 영화를 몇 번 보았습니까?

你看过**几次**电影？　Nǐ kànguo jǐ cì diànyǐng?

'几次'는 횟수를 나타내는 말로 동사의 뒤에 온다.

你去过几次中国？　Nǐ qùguo jǐ cì Zhōngguó?
너는 중국에 몇 번 가 보았니?

새 단어

楼下	lóuxià	일층, 아래층	排	pái　줄, 열
座位	zuòwèi	좌석	错	cuò　틀리다, 나쁘다
不错	búcuò	좋다, 괜찮다	次	cì　…번

Dialogue 

会话

A : 你 今天 忙不忙?　　晚上 礼堂 里 有 电影。
Nǐ jīntiān máng bu máng?　Wǎnshang lǐtáng li yǒu diànyǐng.

B : 不 忙。　我 有 时间 看 电影。
Bù máng.　Wǒ yǒu shíjiān kàn diànyǐng.

A : 听说 这 是 一部 很好的 电影。
Tīngshuō zhè shì yí bù hěn hǎo de diànyǐng.

B : 几点 开演?
Jǐ diǎn kāiyǎn?

A : 七点。　我们 六点半 在 礼堂 门口 见 吧。
Qī diǎn.　Wǒmen liù diǎn bàn zài lǐtáng ménkǒu jiàn ba.

B : 好, 不见 不散。
Hǎo, bújiàn búsàn.

〔 在礼堂里 Zài lǐtáng lǐ 〕

A : 我们 票 是 哪个 座位?
Wǒmen piào shì nǎge zuòwèi?

B : 是 楼上 18 排 6 号 和 7 号。
Shì lóushàng shíbā pái liù hào hé qī hào.

A : 座位 不错。
Zuòwèi búcuò.

242

B : 现在 离 开演 还有 几 分钟?
Xiànzài lí kāiyǎn háiyǒu jǐ fēn zhōng?

A : 只有 两三 分钟。
Zhǐyǒu liǎng sān fēn zhōng.

B : 电影 快要 开演了 吧。
Diànyǐng kuàiyào kāiyǎn le ba.

해석

A : 너 오늘 바쁘니? 저녁에 강당에서 영화가 있어.

B : 안 바빠. 나 영화 볼 시간 있어.

A : 들어보니까, 이건 아주 재미있는 영화래.

B : 몇 시에 시작하니?

A : 7시야. 우리 6시 반에 강당 입구에서 만나자.

B : 좋아. 꼭 만나자.

(강당에서)

A : 우리 표는 어느 자리니?

B : 2층 18열 6호와 7호야.

A : 자리가 괜찮구나.

B : 지금 영화 시작까지 몇 분 남았니?

A : 이삼 분밖에 안 남았어.

B : 영화가 곧 시작하겠구나.

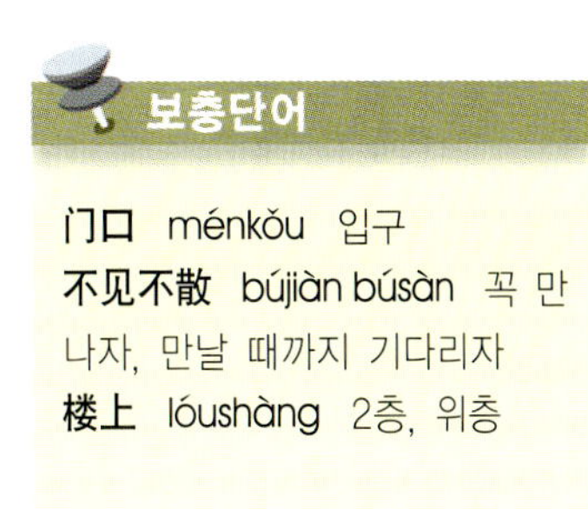

보충단어

门口　ménkǒu　입구
不见不散　bújiàn búsàn　꼭 만나자, 만날 때까지 기다리자
楼上　lóushàng　2층, 위층

✳ ‘以前’과 ‘以后’

‘以前’은 전치사로 쓰일 때는 문장 뒤에 두고, ‘…하기 전에’의 뜻으로 쓰인다.

- 吃饭以前, 我要先洗手。 Chīfàn yǐqián, wǒ yào xiān xǐ shǒu.
  밥을 먹기 전에 나는 먼저 손을 씻어야 한다.

문장의 앞에 부정형 부사인 ‘没’를 써도 그 의미는 같다. 즉,

- 没开始的时候, 我要准备。 Méi kāishǐ de shíhou, wǒ yào zhǔnbèi.
  시작하기 전에 나는 준비해야 한다.

전치사로 쓰이는 ‘…以后’도 역시 문장 뒤에 놓인다.

- 学了中文以后, 我要到中国去。
  Xué le Zhōngwén yǐhòu, wǒ yào dào Zhōngguó qù.
  중국어를 배운 후에 나는 중국에 가려고 한다.

‘以后’의 앞에 동사가 올 때는 완료형 어미 ‘了’를 쓰는 것이 일반적이다. 단, 동사의 뒤에 결과보어가 있을 때는 ‘了’를 생략해도 무방하다.

- 看到他以后。 Kàn dào tā yǐhòu.
  그를 본 후에.

‘以前, 以后’는 또한 시간을 나타내는 명사로도 쓰인다. 이때 주로 절의 앞 부분에 온다. 절의 맨 앞에 있을 때 절 전체를 수식하고 동사의 앞에 있을 때는 동사의 상황어로 쓰인다.

- 以前你看过中国电影吗? Yǐqián nǐ kànguo Zhōngguó diànyǐng ma?
  전에 당신은 중국 영화를 본 적이 있습니까?

- 你以前在哪儿学习汉语? Nǐ yǐqián zài nǎr xuéxí Hànyǔ?
  당신은 예전에 어디에서 중국어를 공부했습니까?

- 以后我们再去长城吧。 Yǐhòu wǒmen zài qù Chángchéng ba.
  이 다음에 우리 다시 만리장성에 갑시다.

244

십이지의 열두 동물

老鼠 lǎoshǔ 쥐

牛 niú 소

老虎 lǎohǔ 호랑이

兔子 tùzi 토끼

龙 lóng 용

蛇 shé 뱀

马 mǎ 말

羊 yáng 양

猴子 hóuzi 원숭이

鸡 jī 닭

狗 gǒu 개

猪 zhū 돼지

1. 다음 빈칸에 필요한 것을 고르시오.

部　离　过　快要

(1) 现在＿＿＿开演还有几分钟?

(2) 电影＿＿＿开演了。

(3) 以前你看＿＿＿中国电影吗?

(4) 这是一＿＿＿很好的电影。

1 部 bù 영화를 세는
　양사
离 lí 시간·공간적
　거리를 나타냄
过 guo 경험을 표시
快要…了 kuàiyào…le
　곧 …하려 하다

2. 다음 빈칸에 알맞은 말을 넣으시오.

(1)　礼堂　　　lǐtáng　　　＿＿＿

(2)　单号　　　＿＿＿　　　홀수 번호

(3)　＿＿＿　　　lóuxià　　　아래층, 일층

(4)　座位　　　＿＿＿　　　좌석

(5)　不错　　　búcuò　　　＿＿＿

(6)　＿＿＿　　　yǐhòu　　　이후

3. 다음을 중국어로 쓰시오.

(1) 이전에 나는 중국영화를 두 번 본 적이 있다.

→

(2) 나는 오늘 저녁에 영화 볼 시간이 있습니다.

→

3 (1) 중국영화　中国电影
(2) 시간　时间

해답

1. (1) 离　(2) 快要　(3) 过　(4) 部
2. (1) 강당　(2) dānhào　(3) 楼下　(4) zuòwèi　(5) 옳다, 훌륭하다　(6) 以后
3. (1) 我以前看过两次中国电影。　(2) 我今天晚上有时间看电影。

선물 (礼物)

중국 사람들은 선물할 때 좋아하는 것과 금기로 여기는 것이 있으니 주의해야 한다. 일반적으로 사람들이 듣기 싫어하는 것과 발음이 유사한 물건을 남에게 선물하지 않는다. 예를 들면 탁상시계나 배는 중국에서 매우 기분 나쁜 선물로 간주된다. 만약 노인에게 이런 선물을 한다면, 아주 낭패를 보는 일이 생길 수도 있다.

탁상시계의 경우 중국어로 '钟 zhōng'이라고 하는데, 이는 '끝나다, 마감짓다'라는 의미인 '终 zhōng'과 음이 같다. 더우기 탁상시계를 선사한다는 '送钟 sòng zhōng'은 '送终 임종을 지키다, 장례를 준비하다'와 발음이 같다. 탁상시계를 선물하는 것은 이처럼 불길한 것을 연상시키게 되므로 당연히 금기시되는 선물이다. 배는 '梨 lí'라고 하는데 '离别 헤어지다'의 '离 lí'와 발음이 같아서 사람들이 좋아하지 않는다.

그렇다면 중국 사람들이 좋아하는 선물에는 어떤 것이 있을까? 보통 '술, 차, 건강식품' 등을 많이 선물하며, 노인들에게 '사과'는 기분 좋은 선물이 된다고 한다. 왜냐하면 '苹果 píngguǒ 사과'의 '苹 píng'이 평안하다는 뜻을 나타내는 '平'과 발음이 같은 까닭이다.

젊은이는 일반적으로 유행하는 음반, 장신구 등을 좋아하며 이것은 우리의 선물 문화와 마찬가지이다. 다른 사람의 결혼식에 참석하거나, 설이 되면 돈을 붉은 봉투에 넣어서 선물 대신 주기도 하는데 이를 '红包 hóngbāo'라고 하며 결혼식 때 하객들에게 나누어 주는 사탕은 '喜糖 xǐtáng'이라고 한다.

결혼식 때 하객들에게 나누어 주는 '시탕(喜糖)' ▶

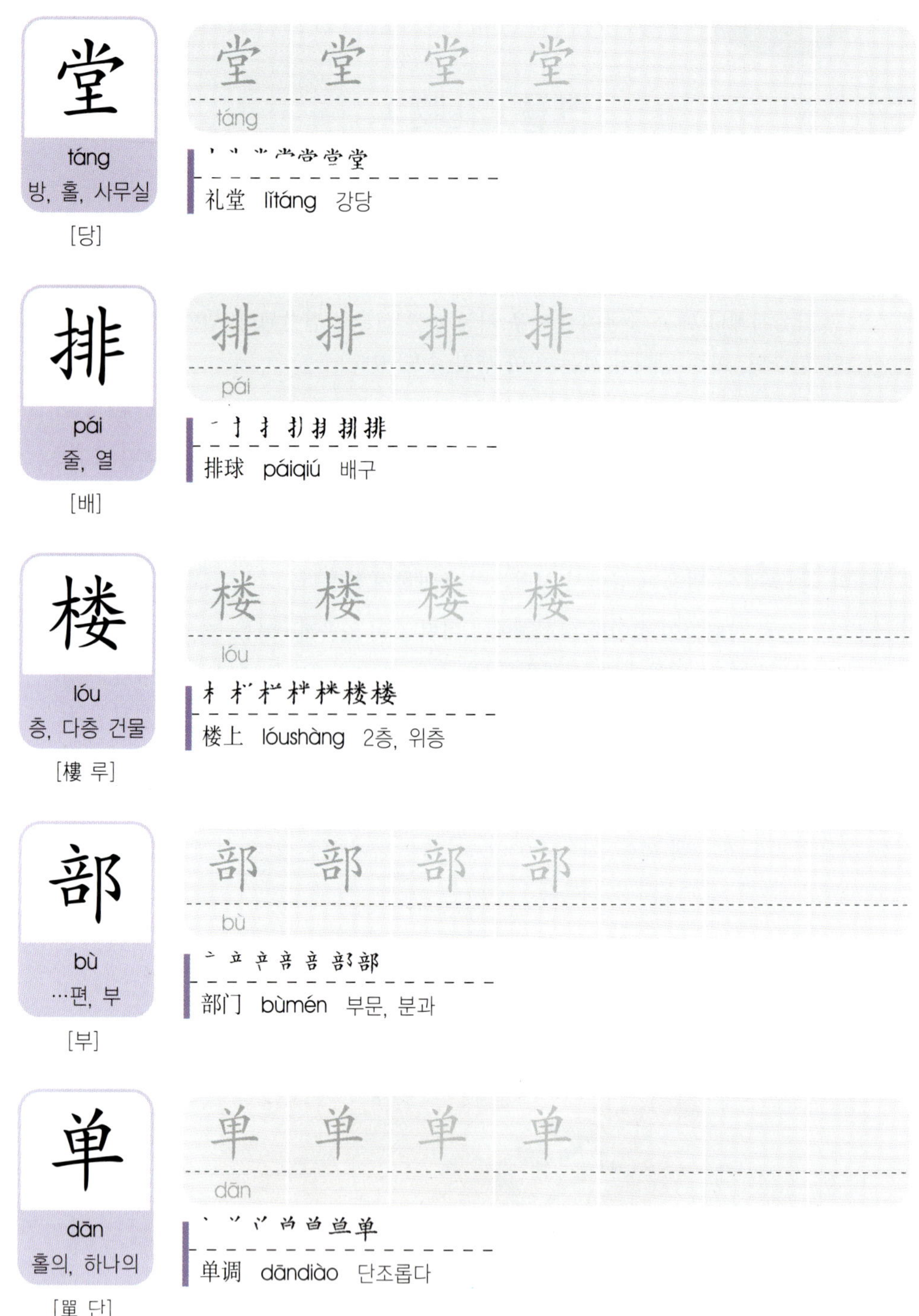

堂
táng
방, 홀, 사무실
[당]

táng
`丨 丿 丷 ꟾꟾ 씈 씈 堂 堂`
礼堂 lǐtáng 강당

排
pái
줄, 열
[배]

pái
`一 扌 扌 扌 拝 排 排`
排球 páiqiú 배구

楼
lóu
층, 다층 건물
[樓 루]

lóu
`扌 术 扩 扩 桦 楼 楼`
楼上 lóushàng 2층, 위층

部
bù
…편, 부
[부]

bù
`一 立 产 音 音 咅 部 部`
部门 bùmén 부문, 분과

单
dān
홀의, 하나의
[單 단]

dān
`丶 丷 丷 甴 甶 单 单`
单调 dāndiào 단조롭다

座
zuò
자리, 좌석
[좌]

座 座 座 座
zuò

亠 广 广 庐 座 座 座
座位 zuòwèi 좌석

错
cuò
틀리다, 나쁘다
[錯 착]

错 错 错 错
cuò

ノ ト 钅 钅 针 铑 错
不错 búcuò 좋다, 훌륭하다

演
yǎn
연기하다
[연]

演 演 演 演
yǎn

氵 氵 汭 湞 湕 演 演
开演 kāiyǎn (연극, 영화 따위를) 시작하다

次
cì
번, 차, 차례
[차]

次 次 次 次
cì

丶 ニ 冫 汸 汸 次
两次 liǎng cì 두 차례

门
mén
문
[門 문]

门 门 门 门
mén

丶 门 门
门票 ménpiào 입장권

周末你打算到哪儿去度假?

주말에 당신은 어디로 휴가를 보내러 가실 생각인가요?

Text 01

1 周末 你 打算 到 哪儿 去 度假? ❶
Zhōumò nǐ dǎsuan dào nǎr qù dùjià?

我 还 没 拿定 主意, 你 呢?
Wǒ hái méi nádìng zhǔyì, nǐ ne?

我 决定 去 承德。
Wǒ juédìng qù Chéngdé.

2 从 北京 到 承德 有 多远? ❷
Cóng Běijīng dào Chéngdé yǒu duōyuǎn?

坐 火车 需要 几个 小时?
Zuò huǒchē xūyào jǐ ge xiǎoshí?

从北京到承德有256公里, 坐火车得4个多小时。❸
Cóng Běijīng dào Chéngdé yǒu èrbǎi wǔshíliù gōnglǐ, zuò huǒchē děi sì ge duō xiǎoshí.

해설

1 주말에 당신은 어디로 휴가를 보내러 가실 생각입니까?
저는 아직 결정을 짓지 못하고 있어요, 당신은요?
저는 승덕에 가기로 했어요.

2 북경에서 승덕까지는 얼마나 멉니까?
기차로 가면 몇 시간 걸리죠?
북경에서 승덕까지는 256km정도이고 기차로 4시간 조금 더 걸립니다.

1. 주말에 당신은 어디로 휴가를 보내러 가실 생각입니까?

周末你打算到哪儿去度假？ Zhōumò nǐ dǎsuan dào nǎr qù dùjià?

'打算'은 '…할 작정이다'로 주어의 의지를 담은 조동사 용법이다. 비슷한 표현에 '要, 想要, 打算要'가 있다.

你打算几点走？ Nǐ dǎsuan jǐ diǎn zǒu?
너는 몇 시에 가려고 하니?

你打算什么时候出发？ Nǐ dǎsuan shénme shíhou chūfā?
너는 언제 갈 생각이니?

2. 북경에서 승덕까지는 얼마나 멉니까?

从北京到承德有多远？ Cóng Běijīng dào Chéngdé yǒu duōyuǎn?

'有+多+형용사?' 의문문은 '얼마나 …합니까?'의 뜻이다. 이때 '有'는 '…만큼이다'라는 양을 헤아리는 뜻으로 쓰인다.

长城有多长？ Chángchéng yǒu duō cháng?
만리장성은 얼마나 길어요?

他有多高？ Tā yǒu duō gāo?
그는 키가 얼마입니까?

새 단어

周末	zhōumò	주말
拿定	nádìng	정하다
决定	juédìng	결정하다
公里	gōnglǐ	킬로미터
需要	xūyào	필요하다
度假	dùjià	휴가를 보내다
主意	zhǔyì	생각, 의견
承德	Chéngdé	승덕, 청더 (지명)
小时	xiǎoshí	시간

Text 02

3 什么 时候 动身？ 怎么 去？
Shénme shíhou dòngshēn? Zěnme qù?

星期六 早上 走，坐 火车 去。
Xīngqī liù zǎoshang zǒu, zuò huǒchē qù.

坐 几点的 火车？
Zuò jǐ diǎn de huǒchē?

4 你 为什么 不 去 大同？
Nǐ wèishénme bú qù Dàtóng?

承德 是 避暑的 地方，
Chéngdé shì bìshǔ de dìfang,

夏天 去 那儿 度假 最 合适。
xiàtiān qù nàr dùjià zuì héshì.

既然 这样，我 就 跟 你 一起 去 承德 吧！❹
Jìrán zhèyàng, wǒ jiù gēn nǐ yì qǐ qù Chéngdé ba!

해설

3 언제 출발하세요? 어떻게 가시려고요?
토요일 아침이에요. 기차를 타고 갑니다.
몇 시 기차를 탑니까?

4 당신은 왜 대동에 가시지 않고요?
승덕은 피서하기 좋은 곳이에요. 여름에는 그곳에 가서
휴가를 보내는 것이 가장 좋습니다.
기왕 이렇게 된 바에 제가 당신과 함께 승덕에 가지요.

3. 북경에서 승덕까지 256㎞정도이고 기차로 4시간 조금 더 걸립니다.

从北京到承德有256公里, 火车走4个多小时。

Cóng Běijīng dào Chéngdé yǒu èrbǎi wǔshí liù gōnglǐ, huǒchē zǒu sì ge duō xiǎoshí.

'4个多小时'에서 '多'는 '여, 남짓'의 어림수 용법이다.

她三十多岁了。　Tā sānshí duō suì le.
그녀는 30여 세이다.

今天气温二十多度。　Jīntiān qìwēn èrshí duō dù.
오늘 기온은 20여 도이다.

4. 기왕 이렇게 된 바에 제가 당신과 함께 승덕에 가지요.

既然这样, 我就跟你一起去承德吧!

Jìrán zhèyàng, wǒ jiù gēn nǐ yìqǐ qù Chéngdé ba!

'既然…就～'는 '기왕 …인 바에야 ～하다'로 쓰인다.

你既然来了, 就别走了。　Nǐ jìrán lái le, jiù bié zǒu le.
기왕에 네가 왔으니, 가지 말아라.

你既然有病, 就不要去上课了!　Nǐ jìrán yǒu bìng, jiù búyào qù shàngkè le!
네가 병이 났으니, 수업하러 가지 말아라!

새 단어

动身	dòngshēn 출발하다	大同	Dàtóng 대동, 따통 (지명)
避暑	bìshǔ 피서하다	既然	jìrán 기왕 …인 바에야

A : 这几天 天气 真热!
Zhè jǐtiān tiānqì zhēn rè!

周末 你 打算 到 哪儿 去 度假?
Zhōumò nǐ dǎsuan dào nǎr qù dùjià?

B : 我 还没 决定 去 哪儿。 你 有没有 好主意?
Wǒ hái méi juédìng qù nǎr.　　Nǐ yǒu mei yǒu hǎo zhǔyì?

A : 我 要 去 承德 旅行。
Wǒ yào qù Chéngdé lǚxíng.

B : 什么 时候 动身?
Shénme shíhou dòngshēn?

A : 星期五 下课 以后 就 出发。 大概 是 下午 三点 左右 吧。
Xīngqī wǔ xiàkè yǐhòu jiù chūfā.　　Dàgài shì xiàwǔ sān diǎn zuǒyòu ba.

B : 从 北京 到 承德 有 多远?
Cóng Běijīng dào Chéngdé yǒu duōyuǎn?

A : 从 北京 到 承德 有 256 公里,
Cóng Běijīng dào Chéngdé yǒu èrbǎi wǔshí liù gōnglǐ,

坐 火车 需要 4 个 多 小时。
zuò huǒchē xūyào sì ge duō xiǎoshí.

B : 你 为什么 不 去 西安?
Nǐ wèishénme bù qù Xī'ān?

A : 西安 也 好, 但是 承德的 避暑山庄 非常 有名。
Xī'ān yě hǎo, dànshì Chéngdé de bìshǔ shānzhuāng fēicháng yǒumíng.

B : 那么, 夏天 去 那儿 度假 最 合适, 是不是?
Nàme, xiàtiān qù nàr dùjià zuì héshì, shì bu shì?

A : 是, 你 真 聪明。
Shì, nǐ zhēn cōngming.

B : 既然 这样, 我 就 跟 你 一起 去 承德 吧!
Jìrán zhèyàng, wǒ jiù gēn nǐ yìqǐ qù Chéngdé ba!

해석

A : 요며칠 날씨가 정말 덥구나! 주말에 어디에 가서 휴가를 보내려고 하니?
B : 난 어디로 갈지 아직 결정 안 했어. 넌 좋은 생각 있니?
A : 나는 승덕에 여행갈 거야.
B : 언제 출발하는데?
A : 금요일 수업 마친 후 바로 출발할 거야. 아마 오후 세 시쯤이지.
B : 북경에서 승덕까지는 얼마나 멀어?
A : 북경에서 승덕까지 256 킬로미터고, 기차로 4시간 남짓 가면 돼.
B : 너는 왜 서안에 가지 않지?
A : 서안도 좋아. 하지만 승덕의 피서산장은 대단히 유명해.
B : 그러면 여름에 거기 가서 휴가를 보내면 가장 좋겠다, 그렇지?
A : 응, 넌 정말 총명하다.
B : 이렇게 된 바에야, 너랑 같이 승덕에 가야겠구나!

보충단어

下课 xiàkè 수업을 마치다
左右 zuǒyòu 좌우, 쯤
西安 Xī'ān 서안, 시안 (지명)
山庄 shānzhuāng 산장
非常 fēicháng 대단히
聪明 cōngming 총명하다

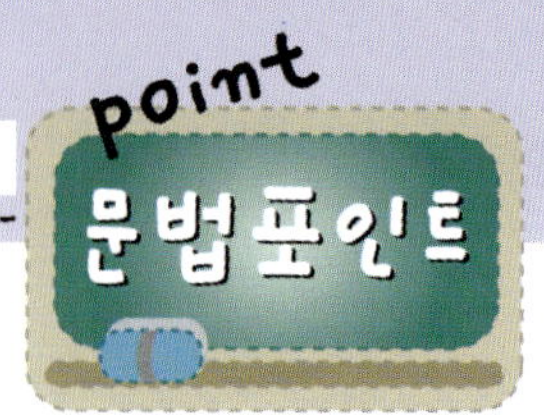

✲전치사의 용법

- 从 cóng : …부터

  从去年开始学汉语。 Cóng qùnián kāishǐ xué Hànyǔ.
  작년부터 중국어를 배우기 시작했다.

- 到 dào : …까지

  从五月一号到五号放假。 Cóng wǔ yuè yí hào dào wǔ hào fàngjià.
  5월 1일부터 5일까지 휴가이다.

- 在 zài : …에, …에서

  在上午九点开始。 Zài shàngwǔ jiǔ diǎn kāishǐ.
  오전 9시에 시작한다.

- 和 hé : …와/과

  你和朋友怎么联系? Nǐ hé péngyou zěnme liánxì?
  너와 친구는 어떻게 연락하니?

- 跟 gēn : …와/과

  我跟你兴趣一样。 Wǒ gēn nǐ xìngqù yíyàng.
  나와 너는 취미가 같다.

- 对 duì : …에 대해

  对中国文化感兴趣。 Duì Zhōngguó wénhuà gǎn xìngqù.
  중국 문화에 대해 흥미를 느낀다.

- 比 bǐ : …보다

  比以前多了。 Bǐ yǐqián duō le.
  이전보다 많아졌다.

256

- **把** bǎ : …을

  他**把**一封信寄给我了。 Tā bǎ yì fēng xìn jì gěi wǒ le.
  그는 나에게 편지 한 통을 부쳤다.

- **给** gěi : …에게

  我**给**爸爸介绍我的朋友。 Wǒ gěi bàba jièshào wǒ de péngyou.
  나는 아버지께 내 친구를 소개했다.

3. 원인·목적

- **为** wèi : …때문에

  为什么? Wèi shénme?
  무엇 때문에?

- **为了** wèi le : …을 위하여

  我**为了**他做这件事。 Wǒ wèi le tā zuò zhè jiàn shì.
  나는 그를 위해 이 일을 했다.

4. 피동

- **叫** jiào : …에게 ～되다

  我的书**叫**他借去了。 Wǒ de shū jiào tā jiè qù le.
  내 책은 그가 빌려 갔다.

- **被** bèi : …에게 ～되다

  他的书**被**人借走了。 Tā de shū bèi rén jiè zǒu le.
  그의 책은 누군가 빌려갔다.

- **让** ràng : …에게 ～되다

  我的书**让**人拿走了。 Wǒ de shū ràng rén ná zǒu le.
  내 책을 누군가 가져가 버렸다.

5. 방향

- **往** wǎng : …으로

  往东走。 Wǎng dōng zǒu.
  동쪽으로 가다.

- **向** xiàng : …향해

  他们**向**学校去。 Tāmen xiàng xuéxiào qù.
  그들은 학교를 향해 갔다.

- **朝** cháo : …으로

  大门**朝**南开。 Dàmén cháo nán kāi.
  정문은 남쪽으로 열려 있다.

여러가지 동작

站 zhàn 서다

坐 zuò 앉다

跪 guì 무릎꿇다

蹲 dūn 쭈그리다

靠 kào 기대다

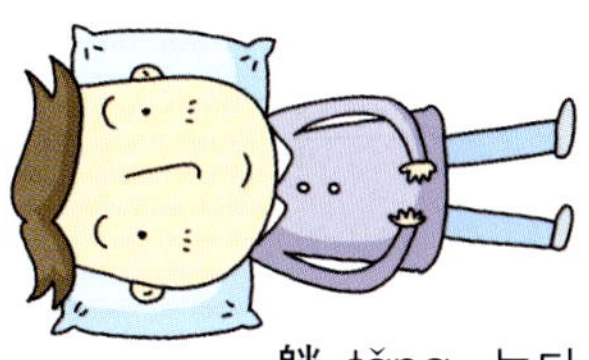

躺 tǎng 눕다

趴 pā 엎드리다

吊 diào 매달다, 매달리다

举 jǔ 들다

踢 tī 차다

기타 동작 관련 어휘					
撞	zhuāng	부딪치다	踩	cǎi	밟다
抱	bào	안다	扔	rēng	버리다
滚	gǔn	구르다	倒	dǎo	쓰러지다
掉	diào	떨어지다	敲	qiāo	두드리다

1. 다음 빈칸에 필요한 것을 고르시오.

主意　打算　多　既然

(1) 火车走4个＿＿＿＿＿ 小时。

(2) 周末你＿＿＿＿＿到哪儿去度假？

(3) ＿＿＿＿＿ 这样, 我就跟你一起去承德吧！

(4) 我还没拿定＿＿＿＿＿ 。

2. 다음 빈칸에 알맞은 말을 넣으시오.

(1)	周末	zhōumò	
(2)	决定		결정하다
(3)		dòngshēn	출발하다
(4)	公里		킬로미터
(5)	避暑	bìshǔ	
(6)		héshì	적당하다

3. 다음을 중국어로 쓰시오.

(1) 여기에서 거기까지는 얼마나 멀죠?

→

(2) 너는 왜 학교에 가지 않니?

→

1
主意 zhǔyì 생각, 의견
打算 dǎsuan …할 계획이다
多 duō (수량사 뒤에서)여, 남짓
既然 jìrán 이미 이렇게 된 바에야

3
(1) 멀다 远
(2) 왜, 어째서 为什么

해답

1. (1) 多　(2) 打算　(3) 既然　(4) 主意
2. (1) 주말　(2) juédìng　(3) 动身　(4) gōnglǐ　(5) 피서(하다)　(6) 合适
3. (1) 从这儿到那儿有多远？　(2) 你为什么不去学校？

황산과 계림

■ 황산(黃山 Huángshān)

중국 10대 관광지 중 하나로 꼽히는 황산은 안휘성 남쪽에 위치해 있다. 인간선경(人間仙境)이라 불리는 명승지로 기송(奇松)·기암(奇岩)·운해(雲海)·온천(溫泉)은 황산사절(黃山四絶)로 표현된다. 명나라 때의 지리학자이며 여행가였던 서하객(徐霞客)은 30년에 걸쳐 중국의 산하를 두루 여행한 후에 "오악(五岳)을 보고 돌아온 사람은 평범한 산은 눈에 들어오지 않는다. 그러나 황산을 보고 돌아온 사람은 그 오악도 눈에 차지 않는다."는 말로 황산을 극찬했다.

황산에는 중국의 시조 헌원 황제가 연단을 만들어 먹고 온천욕을 한 후 신선이 됐다는 전설이 전해 내려온다. 그만큼 수려하고 아름답다. 72개 봉우리 중 연화봉, 광명봉, 천도봉 등 3대 주봉이 해발 1800m 이상에 자리하고 있다. 태산(泰山)의 웅장함, 형산(衡山)의 연운, 여산(廬山)의 폭포, 아미산(峨嵋山)의 수려함과 화산(華山)의 험준함을 한 몸에 지니고 있는 황산은 1990년에 유네스코 세계문화유산과 자연유산으로 지정되었다.

■ 계림(桂林 Guìlín)

계림은 중국의 가장 유명한 관광 도시이며 또한 역사의 도시이다. 중국 남부의 광시성(广西省) 동북부에 위치해 있고, 아열대기후에 속해 기온이 따뜻하다. 계림이라는 명칭은 '계수나무 꽃이 흐드러지게 피는 곳'이라는 뜻에서 생겨났다. 3억 년 전에는 바다였던 석회암 지대가 지각 운동으로 인해 육지 위로 상승한 형태이다. 이후 풍화와 침식작용을 거쳐서 비로소 지금과 같은 형세가 이루어졌다. 계림은 이강(漓江 Líjiāng)과 그 주위의 풍경이 잘 어우러져 "桂林山水甲天下。 Guìlín shānshuǐ jiǎ tiānxià. 계림의 산수가 천하제일이다."라는 찬사를 받고 있다.

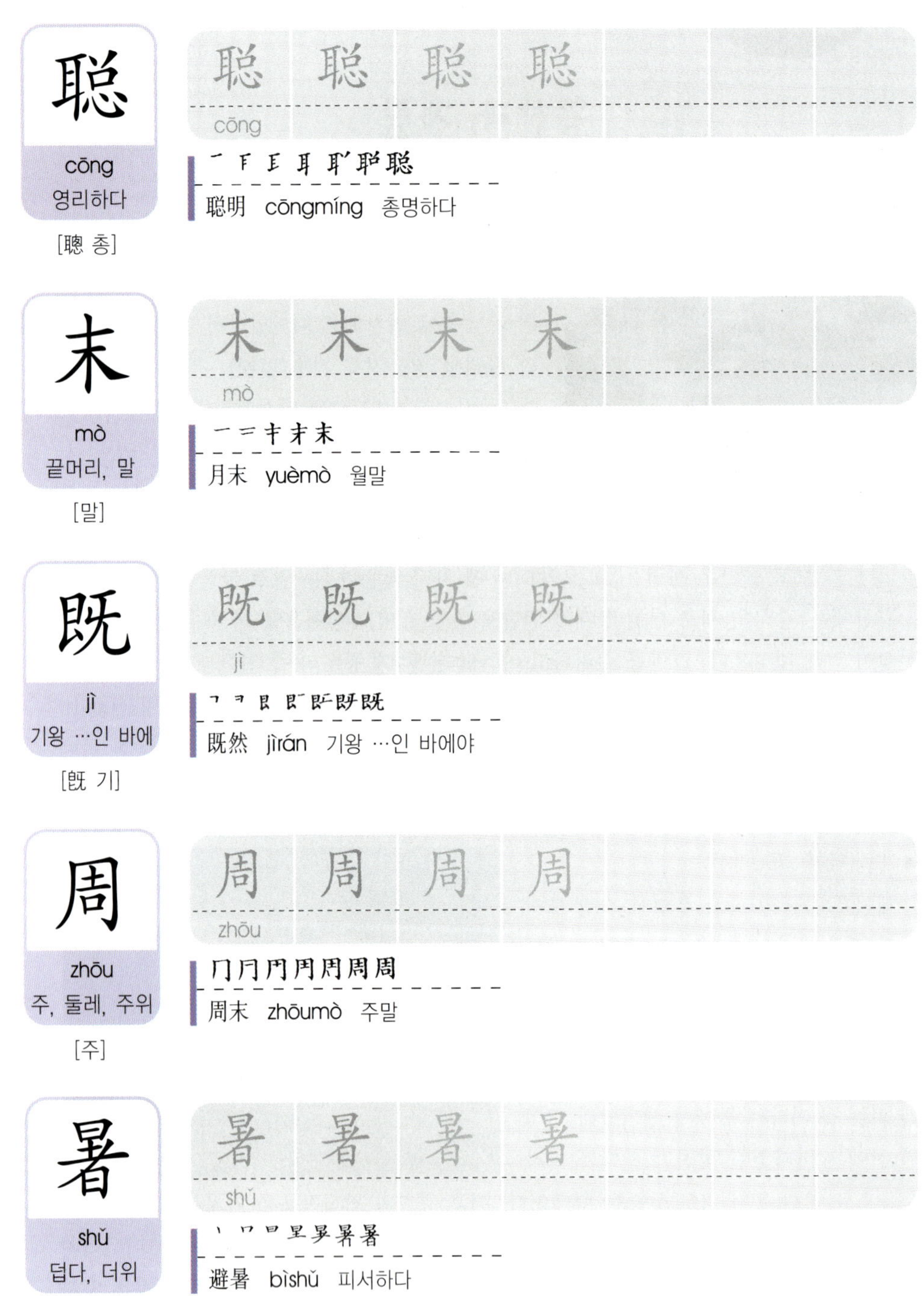

聪
cōng
영리하다
[聰 총]

聪 聪 聪 聪
cōng

一 F E 耳 耵 耵 聪
聪明　cōngmíng　총명하다

末
mò
끝머리, 말
[말]

末 末 末 末
mò

一 二 キ 才 末
月末　yuèmò　월말

既
jì
기왕 …인 바에
[旣 기]

既 既 既 既
jì

一 ヨ 貝 貝 貯 旺 既
既然　jìrán　기왕 …인 바에야

周
zhōu
주, 둘레, 주위
[주]

周 周 周 周
zhōu

冂 刀 円 用 周 周 周
周末　zhōumò　주말

暑
shǔ
덥다, 더위
[暑 서]

暑 暑 暑 暑
shǔ

丶 冂 旦 早 昇 暑 暑
避暑　bìshǔ　피서하다

19. 주말에 당신은 어디로 휴가를 보내러 가실 생각인가요?

决 jué 정하다 [결]	决 决 决 决　jué 丶 冫 冮 冮 浊 决 决定　juédìng　결정하다
从 cóng …부터 [從 종]	从 从 从 从　cóng 丿 人 凡 从 从前　cóngqián　종전, 이전
算 suàn 계산(하다) [산]	算 算 算 算　suàn ⺌ ⺌⺌ 竹 笡 笡 算 算 打算　dǎsuàn　…하려고 하다, …할 예정이다
定 dìng 정하다 [정]	定 定 定 定　dìng 丶 丷 宀 宀 宇 定 定 拿定　nádìng　정하다, 견지하다
课 kè 과, 수업 [課 과]	课 课 课 课　kè 丶 讠 评 评 评 课 课 上课　shàngkè　수업을 하다

263

Part.20 你的东西都收拾好了吗?

당신의 물건을 모두 다 챙겨 놓으셨습니까?

Text 01

1 你的 东西 都 收拾 好 了 吗? ❶
Nǐ de dōngxi dōu shōushi hǎo le ma?

收拾 得 差不多 了。❷
Shōushi de chà bu duō le.

还有 什么 事情 需要 我 帮忙 吗?
Hái yǒu shénme shìqing xūyào wǒ bāngmáng ma?

· · · · · · · · · · · · · · ·

2 没有 什么 了, 该办的 都 办 了。❸
Méiyǒu shénme le, gāi bàn de dōu bàn le.

护照 在 桌子上 放着 呢。
Hùzhào zài zhuōzi shàng fàngzhe ne.

希望 你 以后 能 再来 中国。
Xīwàng nǐ yǐhòu néng zài lái Zhōngguó.

해설

1 당신 물건을 모두 다 챙겨 놓으셨습니까?
거의 다 챙겼습니다.
제가 또 도와드릴 일이 있습니까?

2 없습니다. 해야 할 일은 모두 했습니다.
여권은 책상 위에 있습니다.
당신이 다음에 중국에 또 오실 수 있기를 바랍니다.

1. 당신 물건을 모두 다 챙겨 놓으셨습니까?

你的东西都收拾好了吗？ Nǐ de dōngxi dōu shōushi hǎo le ma?

'收拾好'에서 '好'는 결과보어로서, 잘 마무리됨을 표시한다.

你们准备好了吗？ Nǐmen zhǔnbèi hǎo le ma?
너희들 준비 다 됐니?

2. 거의 다 챙겼습니다.

收拾得差不多了。 Shōushi de chà bu duō le.

'差不多'는 정도보어로 사용되었다. 동사 '收拾'의 뒤에 조사 '得'로서 정도보어가 연결된 구조이다. 해석은 '거의 다 정리했다'가 된다.

A: 你做好了作业吗？ Nǐ zuò hǎo le zuòyè ma?
너는 숙제를 다 끝마쳤니?

B: 我做得差不多了。 Wǒ zuò de chà bu duō le.
거의 다 했어.

3. 해야 할 일은 모두 했습니다.

该办的都办了。 Gāi bàn de dōu bàn le.

'该办的'는 '해야할 일'로 '的' 뒤에 명사가 생략되었다.

开车的 kāi chē de　　　　卖报的 mài bào de
운전하는 사람(운전기사)　　신문 파는 사람(신문팔이)

새 단어

收拾 shōushi 정돈하다　　　　事情 shìqing 일, 사정
帮忙 bāngmáng 돕다　　　　该 gāi …해야 한다
办 bàn 처리하다　　　　护照 hùzhào 여권
桌子 zhuōzi 책상　　　　放 fàng 놓다
希望 xīwàng 희망하다

Part 20

Text 02

3 欢迎 你 到 我们 国家 去 访问。
Huānyíng nǐ dào wǒmen guójiā qù fǎngwèn.

有 机会 我 一定 去。
Yǒu jīhuì wǒ yídìng qù.

去的 时候 一定 去 拜访 您。
Qù de shíhou yídìng qù bàifǎng nín.

. . . .

4 请 代我 向 你 家里 问好! ❹
Qǐng dài wǒ xiàng nǐ jiā li wènhǎo!

祝 你 学习 进步, 工作 顺利!
Zhù nǐ xuéxí jìnbù, gōngzuò shùnlì!

祝 你 一路平安!
Zhù nǐ yílù píng'ān!

해설

3 당신이 우리나라에 방문하시는 것을 환영합니다.
기회가 있으면 꼭 가겠습니다.
가게 됐을 때는 틀림없이 당신을 찾아뵙죠.

4 저 대신 당신 가족들께 안부 전해 주십시오!
당신의 학업이 진보되고 일이 순조롭기를 빌겠습니다!
가시는 길이 평안하시길 빕니다!

4. 당신이 우리나라에 방문하시는 것을 환영합니다.

欢迎你到我们国家去访问。 Huānyíng nǐ dào wǒmen guójiā qù fǎngwèn.

'到…去访问'은 '…에 방문을 가다'라는 뜻이며 방문을 초대하는 말하는 사람이 방문하라고 추천하는 그곳에 있지 않은 경우이다. 만일 말하는 사람이 자기 나라에 있고 '우리나라에 방문 오시는 것을 환영한다.'의 뜻으로 말하려면 '去' 대신 '来'를 써서 표현한다.

欢迎你到韩国来。 Huānyíng nǐ dào Hánguó lái.
당신이 한국에 오시는 것을 환영합니다.

5. 저 대신 당신 가족들께 안부 전해 주십시오.

请代我向你家里问好! Qǐng dài wǒ xiàng nǐ jiā li wèn hǎo!

'代'는 '대신에'라는 전치사이고, 비슷한 표현에 '替tì'가 있다. '向'은 '…에게'에 해당하는 전치사이고, '向…问好'는 '…에게 안부를 묻다'가 된다.

访问	fǎngwèn 방문하다	机会	jīhuì 기회
拜访	bàifǎng 방문하다	代	dài 대신해서
问好	wènhǎo 안부를 묻다	进步	jìnbù 진보하다
顺利	shùnlì 순조롭다	一路平安	yílù píng'ān 여행길이 평안하다

A : 我 明天 回国 去。
Wǒ míngtiān huí guó qù.

我 要 坐 早上 八点 的 飞机。
Wǒ yào zuò zǎoshang bā diǎn de fēijī.

B : 你的 东西 都 收拾 好了 吗?
Nǐ de dōngxi dōu shōushi hǎo le ma?

A : 差不多了。
Chà bu duō le.

B : 要是 你 需要 我 帮助，就 跟 我 说。
Yàoshi nǐ xūyào wǒ bāngzhù, jiù gēn wǒ shuō.

A : 谢谢 你的 好意。　该办的 都 办了。
Xièxie nǐ de hǎoyì.　Gāi bàn de dōu bàn le.

B : 你的 护照 呢?
Nǐ de hùzhào ne?

A : 护照 在 桌子上 放着 呢。
Hùzhào zài zhuōzi shang fàngzhe ne.

B : 你 一定 要 注意 带 护照 去。
Nǐ yídìng yào zhùyì dài hùzhào qù.

A : 好，欢迎 你 到 我们 国家 去 访问。
Hǎo, huānyíng nǐ dào wǒmen guójiā qù fǎngwèn.

B : 有 机 会 我 一 定 去，去 的 时 候 一 定 去 拜 访 你。
Yǒu jīhuì wǒ yídìng qù, qù de shíhou yídìng qù bàifǎng nǐ.

A : 请 代 我 向 你 家 里 问 好！
Qǐng dài wǒ xiàng nǐ jiā li wènhǎo!

B : 祝 你 一 路 平 安！
Zhù nǐ yílù píng'ān!

해석

A : 나는 내일 귀국해. 아침 8시 비행기를 타야 해.

B : 너 물건은 다 잘 챙겼니?

A : 거의 다 했어.

B : 만약 내 도움이 필요하면 말해.

A : 네 뜻은 고마워. 해야 할 것은 다 했어.

B : 너 여권은?

A : 여권은 책상 위에 두었어.

B : 너 꼭 여권을 가져가는 것 주의해.

A : 알았어, 너 우리나라에 방문하는 것 환영이야.

B : 기회가 있으면 꼭 갈게. 가게 됐을 때는 꼭 찾아 갈게.

A : 나 대신 너희 가족에게 안부 전해 줘.

B : 가는 길이 평안하길 빌어!

보충단어

飞机　fēijī　비행기
要是　yàoshi　만약
帮助　bāngzhù　돕다, 도움

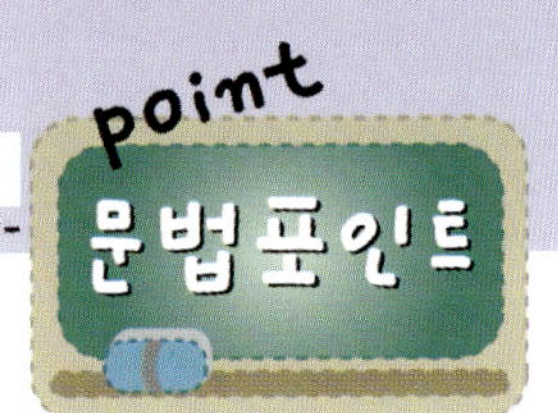

✳ '着'의 용법

| 1. 지속태 | **着** zhe |

하나의 동작이 시작되어 즉시 끝나지 않고 지속성을 가질 때, 이 동작은 지속성의 동작에 속한다. 지속형의 표현방법은 동사 뒤에 접미사 '着'를 붙이면 된다.

- 护照在桌子上放着呢。　*Hùzhào zài zhuōzi shàng fàng zhe ne.*
  여권은 책상 위에 있다.

| 2. 결과보어 | **着** zháo |

동사 뒤에 놓여 목적이 달성되었거나 결과가 있음을 표시하는 용법이다.

- 睡着了。　*Shuì zháo le.*
  잠이 들었다.

- 找着了。　*Zhǎo zháo le.*
  찾아내었다.

| 3. 동사 | **着** zhuó |

- 着衣　*zhuóyī*
  옷을 입다

과 일 과 채 소

苹果 píngguǒ 사과

桔子 júzi 귤

葡萄 pútao 포도

波萝 bōluó 파인애플

香蕉 xiāngjiāo 바나나

胡萝卜 húluóbo 당근

茄子 qiézi 가지

青椒 qīngjiāo 피망

蘑菇 mógu 버섯

기타 채소와 과일

葱	cōng	파	洋葱	yángcōng	양파
大蒜	dàsuàn	마늘	辣椒	làjiāo	고추
白菜	báicài	배추	萝卜	luóbo	무우
红薯	hóngshǔ	고구마	土豆儿	tǔdòur	감자
花生	huāshēng	땅콩	西红柿	xīhóngshì	토마토
西瓜	xīguā	수박	甜瓜	tiánguā	참외
草莓	cǎoméi	딸기	桃子	táozi	복숭아

1. 다음 빈칸에 필요한 것을 고르시오.

代　祝　的　好

(1) ＿＿＿ 你一路平安！

(2) 没有什么了，该办＿＿＿都办了。

(3) 请＿＿＿我向你家里问好！

(4) 你的东西都收拾＿＿＿了吗?

2. 다음 빈칸에 알맞은 말을 넣으시오.

(1)	帮忙	bāngmáng	
(2)	该		해야 하다
(3)		bàn	처리하다
(4)	桌子		책상
(5)	护照	hùzhào	
(6)		jìnbù	진보하다

3. 다음을 중국어로 쓰시오.

(1) 기회가 있으면 꼭 가겠습니다.

→

(2) 물건은 거의 다 챙겼습니다.

→

代 dài 대신하다
祝 zhù 빌다, 축원하
다
的 de 동사를 명사화
하여 사람, 사물을
나타냄
好 hǎo 동작의 완료
를 표시

3
(1) 기회　机会
(2) 거의 다　差不多

해답

1. (1) 祝　(2) 的　(3) 代　(4) 好
2. (1) 돕다, 도와주다　(2) gāi　(3) 办　(4) zhuōzi　(5) 여권　(6) 进步
3. (1) 有机会我一定去。　(2) 东西收拾得差不多了。

서호와 진시황병마용

■ 항저우(杭州 Hángzhōu)의 서호(西湖 Xǐhú)

　깨끗하고 조용한 항저우의 한가운데 위치하고 주위의 많은 명승지를 낀 면적 5.2㎢에 달하는 호수이다. 북송의 시인인 소동파가 그의 시 안에서 중국 고대의 미녀 서시를 비유하여 서자호라 읊은 뒤부터 서호라고 부르게 되었다. 자전거를 타고 돌아보면 더욱 좋은 곳이다. 영화 《청사(青蛇)》의 원작인 소설 《백사전(白蛇传)》의 배경이기도 하다.

■ 시안(西安 Xǐ'ān)의 진시황병마용(秦始皇兵马俑 Qín shǐhuáng bīngmǎyǒng)

　진시황제의 능을 지키도록 만들어진 인형군대이다. 서안에서 가장 유명한 관광지인 병마용은 1974년 한 농부가 우물을 파다가 우연히 발굴했다고 한다. 병마용은 흙으로 빚어진 병사와 말을 가리키는데, 진시황의 무덤을 지키기 위해 만들어진 상징적인 것이다.

1974년에 발견된 이후 현재도 발굴이 계속되고 있다. 현재까지 3개의 갱(坑)이 발굴되었는데, 그 가운데 1호갱에만 6,000여 병마가 실물 크기로 정연하게 동쪽을 향하여 늘어서 있어 금방이라도 함성을 지르며 무기를 들고 달려나올 것만 같다. 이들 병사용은 하나같이 표정이 다르고, 손에는 무기를 들고 있다.

代 dài 대신하다 [대]

代 / dài

ノ イ 亻 代 代

代替 dàitì 대신하다, 대체하다

事 shì 일, 사고 [사]

事 / shì

一 ㄱ ㅋ ㅋ 写 事

事情 shìqing 일, 사건

情 qíng 일, 사정 [정]

情 / qíng

丶 忄 忄 忄 情 情 情

情况 qíngkuàng 상황, 정황, 형편

办 bàn 처리하다 [辦 판]

办 / bàn

フ カ カ 办

办法 bànfǎ 방법

帮 bāng 돕다 [幫 방]

帮 / bāng

三 丰 邦 邦 帮 帮

帮助 bāngzhù 돕다, 도움

20. 당신의 물건을 모두 다 챙겨 놓으셨습니까?

希

xī
바라다
[희]

ノメチ产关希希

希望　xīwàng　희망하다

访

fǎng
방문하다
[訪 방]

丶讠讠讠讠访访

访问　fǎngwèn　방문(하다)

收

shōu
거두다, 얻다
[수]

丨丩収収收

收拾　shōushi　거두다, 치우다, 정돈하다

拾

shí　수습하다,
정리하다, 줍다
[섭]

扌扌扩扐拾拾拾

捡拾　jiǎnshí　줍다

飞

fēi
날다
[飛 비]

乀飞飞

飞机　fēijī　비행기

지름길 수능중국어

고등학교 중국어 지도교사들이 현장에서 터득한 경험을 바탕으로 철저한 연구와 분석을 통해 최신 출제경향과 2001년 수능기출문제를 수록한 문제집

- 김충헌 · 임승규 · 유성진 · 이종민 공저
- 4×6배판 / 264면 / 8,500 원

씽씽 중국어독해(초급)

서술문, 설명문, 동화, 인물소개, 편지, 우화, 시 등 여러 가지 문체와 문장으로 구성한 중국어 초급자들을 위한 맞춤 독해 교재.

- 김명자 · 정은 공저
- 4×6배판 / 160면 / 8,000 원

골프여행 중국어

중국으로 골프여행을 가는 사람들을 위해 골프장 예약부터 라운딩, 캐디와의 대화, 계산까지 거의 모든 골프 상황들과 중국 관광에서 일어날 수 있는 다양한 상황들을 현지에서 사용하기 쉬운 생생한 중국어로 구성.

- 배용 저
- 4×6판 / 320면 / 10,000 원 *해설 mp3 CD 1장 포함

박덕준 지름길 HSK

문제 유형별 문항풀이 분석과 접근 방법 등 실제 시험에서 유용한 대처 요령 및 HSK 대비전략을 설명하고 실전문제를 3회분 수록.

- 박덕준 저 / 4×6배판 / 328면 / 15,000 원 *교재2권, CD2장 포함
- 상권(문제편-실전 모의고사) / 하권(해설편-문제 해설)

정진 중국어 간체자 쓰기교본

고등학교 교육과정 중국어 기본어휘를 수록하여 중국어 기초 학습 및 수학능력 시험에 대비하고 본사 발행 중국어 교과서와 같은 순서의 간체자 배열로 학교 수업과 병행하여 학습할 수 있도록 한 쓰기교본.

- 편집부 편 / 4×6배판 / 128면 / 6,000 원

신실용 중국어교본 시리즈

중국 국가한반이 기획하고 북경어언대학교 출판사가
만들어 낸 최신 중국어 교재. 초급에서 중급까지 자연스럽게 **마스터하자!**

Liu Xun 외 지음
북경어언대학출판사 편

교재 구성

신실용 중국어 교본 TEXTBOOK 1, 2, 3, 4

정가
1. 신실용 텍스트북1 : CD 4장 포함 14500원
2. 신실용 텍스트북2 : CD 4장 포함 15000원
3. 신실용 텍스트북3 : CD 4장 포함 13000원
4. 신실용 텍스트북4 : CD 5장 포함 14000원

신실용 중국어 교본 WORKBOOK 1, 2, 3, 4

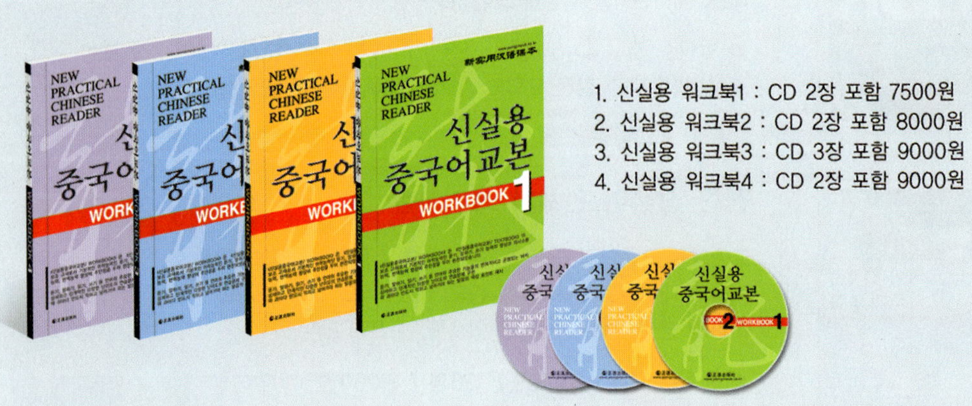

1. 신실용 워크북1 : CD 2장 포함 7500원
2. 신실용 워크북2 : CD 2장 포함 8000원
3. 신실용 워크북3 : CD 3장 포함 9000원
4. 신실용 워크북4 : CD 2장 포함 9000원

혼자하기 딱 좋은 중국어 첫걸음

중국어 이제는 포기할 수 없다!
초보 학습자들을 위한 새로운 구성!
혼자 공부하기 딱 좋은 저자 직강 무료 동영상 강의 !

특별 보너스
저자직강 무료 동영상 강의, 강의MP3,
듣기 MP3 무료 다운로드, 듣기 테이프 2개,
포켓판 여행 중국

박신영 지음
값 14000원

이광석 상황별 중국어 회화사전

상황별로 찾아보는 중국어 회화사전

풍부하고 다양한 회화 내용을 쉽게 찾을 수 있습니다.
살아있는 생활중국어를 제시합니다.

이광석 지음
값 20000원

저자	박신영	서울대학교 중문과 졸업
		한국외국어대학교 교육대학원 중국어교육과 졸업
		서울대학교 중문과 박사과정 수료
		(현) 명덕외국어고등학교 중국어 교사

저서 〈중국어 교육 어떻게 할까〉 공저(2005), 한국문화사
〈혼자하기 딱 좋은 중국어첫걸음〉(2006), 정진출판사

녹음	위하이펑	원어민, 중국 심양사범대학교 석사
		(현) 고려중국어센터 강사, 방송통신대학교, EBS 교육방송 중국어 진행자
	쉬징	원어민, 중국 동북사범대학교 졸업
		(전) 광운대학교 정보과학교육원 중국유학과 강사
		(현) 분당 허경중국어 원장

초판 1쇄 발행 2009년 7월 15일
18쇄 발행 2021년 2월 15일

《혼자배우는 중국어첫걸음》은
《21세기 신경향 중국어첫걸음》의 개정신판 교재입니다.

지은이 박신영
펴낸이 박해성
펴낸곳 정진출판사
편집 박주홍, 김해영
디자인 허다경

정진출판사 www.jeongjinpub.co.kr
136-130 서울특별시 성북구 하월곡동 10-6호 / 화랑로 123-9
Tel. 02-917-9900 Fax. 02-917-9907
E-mail jj1461@chol.com
출판등록 1989년 12월 20일, 제6-95호

ISBN 978-89-5700-090-8 *13720

정가 12,800원